DAS POWERBOOK DER NEUEN DIÄTEN

EIN
JOURNAL FÜR DIE FRAU
Buch im
MARY HAHN
VERLAG

JOURNAL FÜR DIE FRAU
Redaktion

Abnehmen mit Erfolg und gesundem Genuß

DAS POWERBOOK DER NEUEN DIÄTEN

MARY HAHN VERLAG

Mit dem Geheimnis der Magic Soup

Rezept Seite 62

Bildnachweis Titel:

Die Magic-Soup aus: »Die superschnelle Brot-Diät« (Rezept S. 62)

Alle Rechte bei JOURNAL FÜR DIE FRAU

Bildnachweis

Seite **10/11**: Ursula Sonnenberg; Seite **15**: Ulli Heiser; Seite **18**: Ursula Sonnenberg; Seite **23/24**: Ulli Heiser; Frisur und Make-up: Nathalie Tomm; Seite **30**: Ursula Sonnenberg; Seite **35/37**: Ursula Sonnenberg; Seite **38–47**: Wolfgang Krüger; Requisite: Michaela Suchy; Foodstyling: Ulrike Brämer; Seite **52–59**: Ursula Sonnenberg; Requisite: Sigrid Fehrmann; Foodstyling: Ulrike Brämer; Seite **62–71**: Ursula Sonnenberg; Requisite: Sigrid Fehrmann; Foodstyling: Petra Speckmann; Seite **74–82**: Ursula Sonnenberg; Requisite: Fides Busche; Foodstyling: Ulrike Brämer; Seite **100–111**: Helmut Pichler; Requisite: Janine Gretener; Foodstyling: Ulrike Brämer; Seite **114–125**: Ursula Sonnenberg; Requisite: Fides Busche; Foodstyling: Ulrike Brämer; Seite **126–136**: Ursula Sonnenberg; Requisite: Fides Busche; Foodstyling: Petra Speckmann;

Von Birgit und Geert Zebothsen
in Zusammenarbeit mit dem
JOURNAL FÜR DIE FRAU-Diätteam:
Brigitte Scharnhorst (Ltg.), Ulrike Brämer,
Dr. Gabriele Harhoff, Klaus Heitkamp
und Ulrike Kofahl

Lektorat: Gudrun Ruoff
Umschlaggestaltung: Wolfgang Heinzel
Herstellung: Franz Nellissen
Buchlayout – Koordination: Elisabeth Westermann
Satz: Typographischer Betrieb Hans Numberger, München
Gesetzt aus: Sabon 9 auf 11 Punkt, Franklin Gothik und Garamond mit QuarkXPress
Druck und Bindung: Mohndruck Graphische Betriebe GmbH, Gütersloh

Printed in Germany
ISBN 3-87287-429-2

Liebe Leserin,

pro Jahr werden bei uns 110 Millionen Mark für Schlankheitspillen und Fertigdiäten, weitere 160 Millionen für kalorienarme Diätlebensmittel ausgegeben. Tendenz: steigend. Da kommt DAS POWERBOOK DER NEUEN DIÄTEN gerade recht - der neue ultimative Nie-wieder-dick-Ratgeber von JOURNAL FÜR DIE FRAU, der Sie nicht auf ein bestimmtes Abnehm-Programm festlegt, sondern Ihnen erstmals sieben verschiedene Schlankheits-Fahrpläne für ganz unterschiedliche Bedürfnisse anbietet.
Egal, ob Sie möglichst schnell oder in aller Ruhe abnehmen wollen, ob Sie nur ein paar Pfund oder - wenn schon, denn schon - gleich 10 Kilo verlieren möchten, ob Sie eine besonders einfache Diät oder richtig opulente Rezepte bevorzugen, ob Sie zu den Brot- und Suppen-Fans zählen oder wild auf Power-Säfte sind, ob Sie liebend gern kochen oder möglichst wenig in der Küche stehen wollen: Für jeden Wunsch gibt es hier die passende Diät!
Nur eines gibt es bei keiner dieser Diäten: Hunger!
Alle Abnehm-Programme wurden in der JOURNAL-Versuchsküche Mahlzeit für Mahlzeit ausprobiert und verfeinert. Und jede der sieben Diäten entspricht ernährungs-physiologisch dem neuesten Stand der Forschung: ausgewogene Mischkost mit hohem SPS-Anteil.
Was, bittesehr, ist SPS?
Hinter diesem Kürzel verbergen sich die erst seit neuestem bekannten "Sekundären Pflanzenstoffe": wahre Alleskönner, die nur in Früchten, Gemüse und Getreide vorkommen. Sie regen die Verdauung an, aktivieren den Stoffwechsel, unterstützen die Wirkung der körpereigenen Enzyme - und haben keinerlei Kalorien. Das alles macht sie zu idealen Diät-Helfern!
DAS POWERBOOK DER NEUEN DIÄTEN aber bietet noch eine ganze Menge mehr. In Extra-Kapiteln erfahren Sie, was man heutzutage wirklich wiegen sollte und warum der "Body-Mass-Index" (BMI) - die neue, weltweit gültige Formel zur Berechnung des wahren Körpergewichts - das einzig Wahre ist. Wir stellen Ihnen die 10-Minuten-Wohlfühl-Gymnastik vor, die Ihren Body an den richtigen Stellen formt und strafft. Sie können überprüfen, welchen Eß-Typ Sie verkörpern und ob Fasten eine echte Alternative zum Diätmachen ist. Unser Für-immer-schlank-Programm verrät, wie man seine Ernährung langfristig umstellt und nach einem Abnehm-Erfolg wirklich schlank bleibt!
Und und und ...
Die nächsten 140 Seiten haben es in sich. Was am Ende dabei herauskommt, kann sich sehen lassen – Sie!

Ihre JOURNAL-Redaktion

Inhalt

Die super Magic-Soup von Seite 62: Pfunde runter mit Genuß

Obst und Gemüse in Hülle und Fülle: Jede gute Diät lebt von diesen Zutaten, denn sie strotzen vor Vitaminen - und SPS! Was es mit diesem Kürzel auf sich hat, lesen Sie im Kapitel "Die geheimen Schlankmacher"

Neu: Body-Mass-
Was Sie

Zunächst die schlechte Nachricht: Fast jede zweite Frau in Deutschland hält sich für zu dick - fast jede vierte ist es tatsächlich. Und nun die gute Nachricht: Fast jede Frau in Deutschland kann schlank werden - viel einfacher, als man bisher dachte. Denn erstens sind die neuen Diäten in diesem Buch so effektiv und gesund wie noch nie, und zweitens hängt die Meßlatte längst nicht mehr so hoch wie noch vor ein paar Jahren.

Mit anderen Worten: Schlank ist, wer trotzdem gut ißt!

Bis zu Beginn der 90er geisterten Gewichtstabellen durch die Lande, die einem das Wasser in die Augen und den Appetit in die Träume trieben. "Idealgewicht" hieß die Botschaft, und man mußte schon Asket oder Masochist (stimmt, manchmal ist das ein und dasselbe), mindestens aber Super-Model sein, um dieser Anforderung zu genügen: "Körpergröße in Zentimetern minus 100 minus 15 Prozent." Da blieb zum Leben nur Luft und Liebe.

Für all die Verzweifelten, die daran scheiterten, ließen die Experten gnädig das "Normalgewicht" gelten: "Körpergröße in Zentimetern minus 100." Aber auch diese Faustregel ist inzwischen vom Tisch. Für alle alten Tabellen nämlich gilt: Wer eher klein geriet, wird auf diese Weise zu dick gerechnet, wer ziemlich lang ausfiel, sieht sich unter Umständen als zu dünn eingestuft.

Seriöse Ernährungswissenschaftler haben sich darum inzwischen auf das "Wohlfühlgewicht" geeinigt. Das hat eine eingebaute Pufferzone, die liegt zwischen etwa zehn Prozent unterm und zehn Prozent überm Normalgewicht. Eine 1,70 Meter große Frau dürfte danach also 70 Kilo plus-minus 10 Prozent, sprich: 63 bis 77 Kilo auf die Waage bringen.

DAS EINZIG WAHRE: DER "BODY-MASS-INDEX"

Natürlich stammt die genaueste Methode, sein persönliches Gewicht richtig einzuordnen, aus den USA - dort finden sowohl Körperkult als auch Fettleibigkeit schließlich am intensivsten statt. Beim sog. "Body-Mass-Index" (BMI) wird die Größe eines Menschen angemessen berück-

MAL EBEN NACHMESSEN: ECHT ZU DICK ODER NUR EIN PAAR PFUNDE ZUVIEL?

Schluß mit dem Idealgewichts-Streß: Der "Body-Mass-Index" (BMI) erlaubt mühelos, Ihren Ist-Zustand festzustellen und gleichzeitig zu checken, ob Sie im Normbereich liegen oder ob Sie leichtes bzw. "echtes" Übergewicht haben (am Ende der Diät-Phase könnten Sie damit natürlich auch das Gegenteil - Untergewicht - feststellen, aber soweit wollen wir es nun wirklich nicht kommen lassen).

So gehen Sie vor: Links finden Sie die Größenmeßlatte von 1,25 bis 2,05 Meter, rechts die Gewichtstabelle zwischen 30 und 150 Kilo, in der Mitte die BMI-Skala.

Mal angenommen, Sie sind 1,65 Meter groß und wiegen, sorry, 85 Kilo - wenn Sie jetzt das Lineal links bei 165 ansetzen und rechts bis auf 85 hochschieben, dann landet das Lineal auf der BMI-Skala in der Mitte genau auf der Indexzahl 30 - und damit im farblich getrennten Grenzbereich zwischen leichtem und größerem Übergewicht.

Keine Frage: Sie bringen zu viele Pfunde auf die Waage! Wie viele zuviel? Auch das verrät die Übersicht in Sekundenschnelle: Sie bleiben links auf der 165 und rutschen auf der anderen Seite mit dem Lineal einfach soweit abwärts, bis Sie auf dem mittleren BMI-Index in die farblich abgesetzte Normalgewichtszone kommen - prompt verrät die Gewichtstabelle rechts, daß Sie auf mindestens 70 Kilo abspecken sollten - 15 Kilo also!

PS: Diese grafische Darstellung ist speziell für Frauen; Männer müssen es mit dem "leichten Übergewicht" nicht ganz so genau nehmen. Aber ab Index 30 fängt für sie genauso die bittere Wahrheit an.

Index
wirklich wiegen sollten

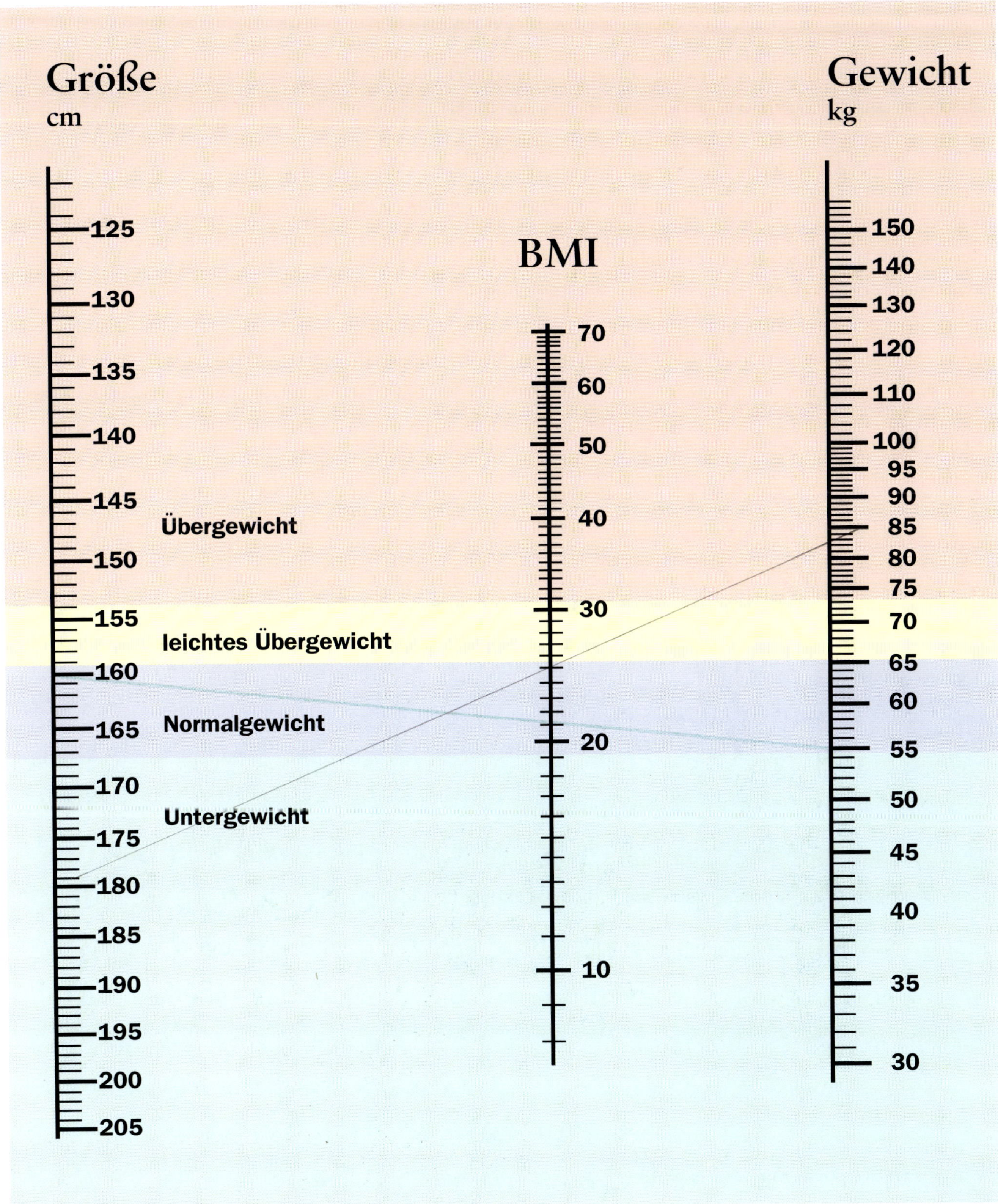

sichtigt, und selbstverständlich gibt es für die BMI-Berechnung eine seriös-komplizierte Formel. Sie lautet: "Körpergewicht in Kilogramm geteilt durch das Quadrat der Körpergröße in Metern".

Damit Sie nun nicht gleich die Lust verlieren und das Handtuch über Ihren Taschenrechner werfen, hier unsere frohe Botschaft: Wir haben den fabelhaften "Body-Mass-Index" einfach in eine übersichtliche Dreier-Skala umgesetzt - für diese Grafik benötigen Sie höchstens ein Lineal, zur Not tut's aber auch jeder andere gerade Gebrauchsgegenstand.

Sie sehen: Der optimale Gewichtsbereich auf der BMI-Skala ist etwa zwischen 19 und 25 angesiedelt. Alles was im hellblauen Feld liegt, heißt im Prinzip "zu dünn", alles was ins gelbe und rosa Feld abwandert, bedeutet "ein bißchen bzw. absolut zu dick".

Wenn Sie Lust haben, können Sie noch einen weiteren Test machen. Auch er wurde, wen wundert's, in Amerika erfunden: Die "Waist-to-hip-ratio" - zu deutsch: Das Verhältnis zwischen Taillen- und Hüftumfang - gilt als ein durchaus gutes Meßinstrument zur "Feststellung der tatsächlichen Körpersituation", wie Ernährungsphysiologen sich auszudrücken pflegen.

Will sagen: Die Waist-to-hip-ratio spiegelt in etwa wider, ob Ihre Proportionen sowohl nett anzuschauen als auch gesund sind.

Wie's funktioniert? Sie nehmen ein Maßband, überprüfen Ihren Taillen- bzw. Hüftumfang und teilen dann den ersten Wert durch den zweiten. Das kann man unter Umständen sogar im Kopf ausrechnen. Bei Claudia Schiffer hieße das: 60 durch 90 = 0,66. Aber wer will schon aussehen wie Claudia Schiffer ... Wenn der Wert bei Ihnen unter 0,85 bleibt, ist alles okay (Männer haben's auch hier leichter: ihr Schwellenwert lautet 1,0). Werden diese Zahlen allerdings überschritten, taucht wieder dieses verhängnisvolle Wort "Speck" am Horizont auf. Gerade der hochsitzende Bauchspeck in der Taillengegend und darüber - denken Sie mal eben an einen typischen Bierbauch - ist nicht bloß unattraktiv, sondern auch gefährlich, weil er auf Dauer zu massiven Herz-Kreislauf-Erkrankungen führen kann.

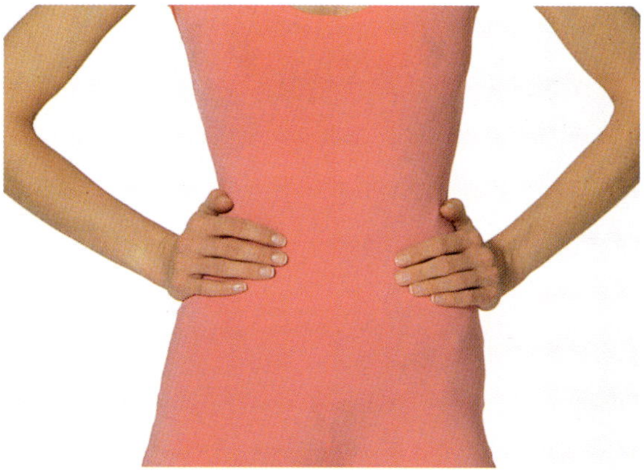

Verhältnis Taille zu Hüfte: Das erste Maß durch das zweite teilen – bleibt der Wert unter 0,85?

So hätten wir's gern: Schlank und rank und fit wie ein Turnschuh – mit jeder der sieben Diäten in diesem Buch ist dies Ziel mühelos zu erreichen

Wo all die überflüs

"Ich weiß, ich bin zu dick, aber ich weiß beim besten Willen nicht, wieso!"
Diesen Satz haben Sie schon mal gehört? Vielleicht auch schon mal selbst gesagt? Sie befinden sich in bester Gesellschaft. Gerade Leute mit Übergewicht, so fanden US-Forscher heraus, schätzen ihre Nahrungsaufnahme um rund 40 Prozent zu niedrig ein.
Auch um spekulative Thesen sind viele Betroffene selten verlegen. Die einen behaupten, sie hätten einen "zu schweren Knochenbau" - Fakt ist: Auch Frauen mit leichtem Knochenbau wiegen höchstens vier Pfund weniger. Die anderen schieben es dem "täglichen Streß" in die Schuhe - Fakt ist: Streß macht nicht dick, er verführt lediglich dazu, Eßbares unkontrolliert in sich hineinzustopfen. Ganz Originelle reden von "zuviel Wasser im Körper" - Fakt ist: Bei gesunden Menschen wird der Wasserhaushalt konstant ausbalanciert, nur während der Menstruation kann es zu Wassereinlagerungen im Gewebe kommen, die zwei, drei Kilo sind nach den Tagen allerdings schnell wieder weg.
Gibt es also keine einzige "echte" Entschuldigung? Doch. Einige der Mitmenschen, die sich als "gute Futterverwerter" outen, sind tatsächlich zu bedauern. Sie ernähren sich normal - und nehmen trotzdem zu. Wissenschaftler bestätigen individuelle Unterschiede bei der Nahrungsumsetzung im Körper: Ob man dick wird, kann echt eine Frage der genetischen Veranlagung sein. Wer Pech hat, neigt dazu, Energie vermehrt zu speichern, statt gleich in Wärme umzusetzen.
Und auch der Spruch: "Mit meinen Hormonen stimmt was nicht" als Grund für zu viele Pfunde kann durchaus mal stimmen. Bei akuten Stoffwechselstörungen - Unterfunktion der Schild- oder Bauchspeicheldrüse zum Beispiel - ist eine Gewichtszunahme möglich. Das betrifft aber zum Glück nur gut zwei Prozent aller Frauen. Ob Sie dazu zählen? Wie sieht es bei Ihnen aus: Schlapp und lustlos? Häufiges Frieren? Unreine, trockene, blassse Haut? Kaum Appetit und trotzdem Gewichtszunahme? Häufige Verstopfungen? Dann sollten Sie unbedingt Ihren Arzt aufsuchen, denn all das sind zweifellos Symptome für hormonelle Dissonanzen.

SEHEN WIR DEN TATSACHEN INS AUGE: WIR ESSEN ZUVIEL UND BEWEGEN UNS ZUWENIG

Von Natur sind alle Menschen gleich: im Prinzip kann jeder schlank, fit und gesund sein. Denn eigentlich essen und trinken wir ja bloß, um unseren Body mit Energie zu versorgen, die er zur ständigen Erneuerung seiner Zellen und für körperliche Aktivitäten benötigt. Wobei mit Aktivitäten nicht allein solch kräftezehrenden Beschäftigungen wie Holzhacken gemeint sind - selbst in völliger Ruhe verbrauchen wir Energie: für die Atmung, die Körperwärme, die Herz-Kreislauf-Tätigkeit.
Leben eben.
Diese "Erhaltung aller wichtigen Vitalvorgänge", wie die Mediziner feinsinnig formulieren, nennt sich "Grundumsatz". Bei üblicher körperlicher Belastung werden dafür zwischen fünfzig und siebzig Prozent der Gesamtenergie eingesetzt. Bei Frauen sind das im Durchschnitt etwa 1300 Kalorien, aber wer ist schon "durchschnittlich", und darum wollen wir doch lieber altersmäßig differenzieren: Eine 25jährige Frau liegt bei etwa 1420, eine 45jährige bei etwa 1320 Kalorien (der männliche "Grundumsatz" ist um ca. 10 Prozent höher, weil Männer in der Regel mehr Muskelmasse haben, und Muskeln am meisten Energie-Nachschub brauchen). Warum der Wert im Laufe der Jahre sinkt? Weil die Muskelmasse langsam, aber sicher schwindet. Ist so, leider. (Siehe auch im Kapitel "Die Für-immer-schlank-Methode"ab Seite 32 das Spezialprogramm für 20-, 30- 40jährige.)
Neben dem "Grundumsatz"haben wir's noch mit einem zweiten großen Energieverbraucher im Stoffwechsel zu tun: dem "Arbeitsumsatz". Dazu gehören praktisch alle Aktivitäten, die über den "Grundumsatz" hinausgehen. Wer seinem Körper relativ wenig Kraftaufwand zumutet, braucht für diesen Bereich vielleicht nur 100 bis 200 Kalorien. Ein Tour-de-France-Radrennfahrer kommt dagegen locker auf zusätzliche 8000 ! Soviel Energie kann sich natürlich kein Mensch im Laufe eines Tages mit normalen Mahlzeiten zuführen. Was macht der Körper also? Er geht an die Reserven. Darum kriegen Sie auch nie einen dicken Tour-de-France-Radrennfahrer zu sehen.

sigen Pfunde herkommen

Aber körpereigene Energiespeicher - Reserven - hat jeder von uns. Leider sitzen sie meistens dort, wo man sie nicht übersehen kann: im Bauchbereich, rund ums Steißbein, in den Oberschenkeln, im Nacken.

Was schlicht als "Fett"apostrophiert wird, entpuppt sich in Wirklichkeit als Millionen Fettzellen bzw. Fettmembranen. Sie gehören zur menschlichen Grundausstattung und können ziemlich klein sein. Wenn's denn sein muß, können sie aber auch bis zum Zehnfachen anschwellen. Und damit nähern wir uns unserem Problem.

Fett ist nämlich nicht gleich Fett. Es gibt gutes, das sitzt in den Muskeln und setzt blitzartig Glykogen, also Power frei, wenn Sie bei Rot über die Kreuzung rennen. Das andere, das ungute Fett, ist für die nächste Hungersnot da. Weil die nicht kommt, bleibt es dort, wo es gehortet wird, und sorgt dafür, daß wir XXL tragen müssen.

Trotzdem darf man seinem Körper diese Angewohnheit nicht übelnehmen. Er meint es gut mit einem. Im Laufe der Jahrtausende hat er das Prinzip total perfektioniert. Der Mann entwickelt seinen Bauch, weil sich Fett aus dieser Körpergegend besonders schnell in Sprung- und Laufkraft umwandelt - Steinzeitkerle mußten sich schließlich dauernd vor wilden Bären in Sicherheit bringen. Und die weiblichen Langzeitreserven sitzen seit Ur-Frauen-Zeiten zum Beispiel gern an den Oberschenkeln, weil man die Energie für Schwangerschaft und Kinderbetreuung nur langsam abzurufen pflegte und die Fettpolster der Gewichtsverteilung wegen dort wunderbar plaziert waren.

Unser Pech: Wir haben heutzutage immer genug zu essen, die körpereigenen Notdepots sind eigentlich genauso überflüssig wie der EU-Butterberg, und viel Bewegung ist auch nicht unbedingt jedermanns Sache.

WAS PASSIERT BEIM QUICK-ABNEHMEN - UND WARUM SIND DIE PFUNDE HINTERHER GLEICH WIEDER DRAUF ?

Übergewichtige haben drei- bis viermal so viele Fettzellen wie Schlanke, und diese sind auch noch größer. Wie wär's denn, wenn man die Fettzellen ratz, fatz aushungert - ist man dann nicht ganz schnell rank für immer?

Ist man nicht.

Wer aus heiterem Himmel extrem wenig ißt und trinkt, setzt eine Reihe biochemischer Prozesse in Gang und erlebt sein blaues Wunder. Der Körper erklärt sich zum Katastrophengebiet, gibt überall Alarm, setzt Hilfsmannschaften in Marsch, um das vermeintliche Hunger-Elend doch noch abzuwenden! Und auch die Schleusen spezieller Notdepots, die der Körper zusätzlich hat (von denen bisher aber aus Sicherheitsgründen noch gar nicht die Rede war), sind plötzlich geöffnet - unser Krisenmanagement läuft auf vollen Touren!

Das Chaos-Szenario mal beiseite: diese zusätzlichen Notdepots gibt es tatsächlich. Sie werden aus Zucker gebildet, aber dummerweise nimmt jedes verbrauchte Gramm Zucker drei Gramm Wasser mit auf den Weg - und da wundern wir uns, daß der Mensch am Anfang einer Diät enorm viel Flüssigkeit verliert?

Bleiben wir noch einen Augenblick bei den Fettzellen. Denen geht es im Zuge einer Diät erst mit ein paar Tagen Verspätung so richtig ans Leder. Ganz auflösen kann man sie eh nicht. Sie bleiben da - in Lauerstellung. Kaum taucht nach Ende der Abspeck-Phase irgendein neuer Dickmacher auf, schnappen sie sofort wieder zu. Das ist schließlich ihre naturgewollte Aufgabe.

Also schon mal die nächste Diät im Kalender vormerken? Lieber nicht. Das ewige Rauf und Runter mit dem Gewicht - der sogenannte Jojo-Effekt - kann zum Gesundheitsrisiko für Herz, Kreislauf, Blutdruck, Nieren und Leber werden. Der gesamte Stoffwechsel gerät auf Dauer völlig durcheinander. Und auch die Schönheit leidet: Die Haut dehnt sich, zieht sich zusammen, dehnt sich erneut, wird letztlich schlaff und unansehnlich.

Was bleibt zu tun?

Einfach umblättern.

WAS SIND ÜBERHAUPT KALORIEN ?

Egal, ob Sie ein Salatblatt oder eine Gänsekeule essen: Unser Körper setzt die Grundnährstoffe - Fett, Kohlenhydrate, Eiweiß - in Energie, vor allem in Wärme, um. Und der so entstehende "Heizwert"wird in Kalorien (Abkürzung: kcal) ausgedrückt. Daß der Begriff Kalorie eigentlich veraltet und längst in Joule (1 Kalorie = 4,2 Joule) umetikettiert wurde, soll uns nicht stören. Kaum jemand will etwas mit Joule zu tun haben - wir auch nicht. Zur Info: 1 Gramm Kohlenhydrate und Eiweiß liefern jeweils 4,1 kcal - Fett mehr als das Doppelte: 9,3 .

Die bittere Wahrheit: Um ein Kilo abzunehmen, müssen 7000 Kalorien runter - soviel nämlich haben zwei Pfund Körperfett!

Die geheimer

"SPS" - das ist keine neue Partei, sondern das Kürzel für "Sekundäre Pflanzenstoffe", und man darf ohne Übertreibung behaupten: Selten tun drei Buchstaben so viel Gutes wie diese hier! Ihr Geheimnis: Die Alleskönner aus der Natur regen die Verdauung an, aktivieren den Stoffwechsel, unterstützen die Wirkung körpereigener Enzyme -

Schlankmacher

und haben keinerlei Kalorien. Das alles macht die "Sekundären Pflanzenstoffe" zu idealen Helfern beim Abnehmen.
Weil die SPS nebenbei auch noch den Blutdruck normalisieren, den Cholesterinspiegel senken, unser Immunsystem stärken, Viren und Bakterien killen, die Zellen vor Freien Radikalen schützen und

vermutlich sogar Krebs vorbeugen, sind sie heimlich, still und leise zu den erklärten Lieblingen der Experten geworden. Ernährungswissenschaftler Prof. Claus Leitzmann in einem Interview mit JOURNAL FÜR DIE FRAU: "Das eigentliche Potential der Ernährung liegt in der immer wichtiger werdenden Vorbeugung von Krankheiten - gerade hier sind die SPS wegen ihrer gesundheitsfördernden Wirkung sehr interessant."

Wer Leitzmann kennt, ahnt, daß diese unterkühlte Aussage in Wahrheit ein Ausbruch echter Begeisterung ist...

Bleibt die Frage: Warum heißen die Pflanzenstoffe dann "sekundär" und nicht "primär"? Weil die Grundnährstoffe die "primären" sind: Kohlenhydrate, Fette, Eiweiß. Davon werden die "sekundären" abgetrennt. Und normalerweise würden auch Vitamine (über die es das Extra-Kapitel "Ihr großer Vitamin-Check-up" s. Seite 96, gibt) und Ballaststoffe dazugehören, aber die sind so hinreichend bekannt, daß man den Begriff "sekundär" allein den neuen Substanzen vorbehalten hat.

Jetzt aber wollen wir endlich erfahren, wo der SPS-Superkraftstoff drinsteckt! Drei Worte genügen: in Früchten, Gemüse und Getreide. Konkret bedeutet das: Wir reden von 5000 (!) verschiedenen Substanzen. Die bekannteste ist das Allicin - es gibt dem Knoblauch den typischen Geschmack. Flavonoide bescheren u.a. den Zitrusfrüchten ihre hellgelbe Farbe und verstärken ganz nebenbei die Wirkung von Vitamin C um das 15fache. Carotionide - Fachleute kennen davon schon 600 Untergruppen - sind mit dem Provitamin A "Carotin" verwandt und sitzen als grüne und rote Farbstoffe beispielsweise in Paprika, Broccoli oder Möhren. Senföle - auch sie zählen zu den "Sekundären Pflanzenstoffen" - machen Meerettich oder Kresse scharf, und Milchsäure kommt in milchsaurem Gemüse (bestes Beispiel: Sauerkraut), aber auch in Joghurt vor.

Keine Sorge, wir wollen Sie nicht mit einem kompletten Stammbaum dieser Substanzen samt ihrer zum Teil unaussprechlichen Namen langweilen. Nur noch soviel: Mit an der Spitze der pflanzlichen Fit- und Schlankmacher rangieren sämtliche Kohlsorten bis zum Wirsing, alle Zwiebelgewächse, von Lauch bis zu Schalotten, viele Getreidesorten und sogar Soja.

Und nun die entscheidende Nachricht: Alle sieben Diäten in diesem Buch sind ganz gezielt auf optimale SPS-Intensität programmiert! Ein normaler Mensch nimmt bei gemischter Kost täglich rund 1,5 Gramm an "Sekundären Pflanzenstoffen" zu sich - bei den ver-

schiedenen JOURNAL-Schlankheitsplänen liegt ihr Anteil eindeutig höher! Darum funktionieren diese Diäten so hervorragend und haben außerdem einen herausragenden Gesundheitswert.

SEIEN SIE NETT ZU DEN "SPS". SIE SIND SO SENSIBEL !

Wichtig ist der richtige Umgang mit den SPS in der Tat. Viele Substanzen sind sehr empfindlich. Ideal wäre ein Rohkostanteil von bis zu 50 Prozent der Nahrungsmenge. Aber das mag nicht jeder. Also heißt die Devise: So schonend und kurz garen, wie es geht. Frisches Gemüse mit möglichst wenig Flüssigkeit knackig dünsten bzw. dämpfen. Oder im Schnellkochtopf garen, am besten im Siebeinsatz über Dampf, damit keine Nährstoffe ins Kochwasser ausgeschwemmt werden. Wer mit dem Schnellkochtopf arbeitet, muß allerdings dran denken, daß dann die Zubereitungzeiten der einzelnen Diätgerichte anders ausfallen als angegeben.

Damit nicht genug: Bewahren Sie die SPS-Träger Obst und Gemüse kühl auf, also im Keller und im entsprechenden Kühlschrankfach. Vor allem: Verbrauchen Sie sie möglichst schnell, dann bleiben die meisten Nährstoffe erhalten. Daß man darum eher kleine Mengen kauft, versteht sich von selbst. Und: Waschen Sie die Produkte kurz, aber gründlich - langes Wässern laugt sie aus. Das Zerkleinern der Lebensmittel sollte besser erst kurz vor der Zubereitung stattfinden. Licht und Luft tun zwar dem Menschen gut - Vitaminen und vielen "Sekundären Pflanzenstoffen" aber keineswegs! Auch das Warmhalten beschleunigt den Abbau von Vitalstoffen. Die Speisen drum lieber mal kalt werden lassen und später erneut kurz erhitzen .

Zum Schluß noch eine Information, die wissenschaftlich bislang nicht bestätigt wurde, für deren Wahrheitsgehalt aber einiges spricht: Wenn Sie frisches Gemüse in gefiltertem Wasser garen, bleibt es knackiger, behält schönere Farben und muß weniger gesalzen werden! Feine Zungen behaupten sogar, das Aroma sei intensiver. Und SPS-Forscher schwören: So bleiben auch mehr "Sekundäre Pflanzenstoffe" erhalten, als wenn man in normalem Leitungswasser kocht.

Alles wunderbar? Im Prinzip könnten Sie jetzt eigentlich mit dem Abspecken beginnen? Und insgeheim haben Sie sich auch schon eine der hier angebotenen Diäten ausgesucht, die von der Zusammensetzung, Dauer und Intensität für Sie maßgeschneidert scheint? Okay - aber bitte haben Sie noch ein paar Seiten Geduld. Sie werden gleich merken, warum.

Festigt den Po: Band als Schlaufe unterm Knie durch und über die Mitte des anderen Oberschenkels führen. Das erhobene Bein mit angewinkeltem Knie so weit wie möglich hochstemmen, Kopf gesenkt, Rücken gerade. Das Bein dann nur bis Hüfthöhe wieder absenken (15mal wiederholen, Seitenwechsel)

GYM

Hebt den Busen: Band knapp unterhalb der Arme straff um den Rücken führen, die Enden mit den Händen fassen, die gestreckten Arme wie eine Schere weit öffnen und schließen: von Taillenhöhe 4 Scheren hintereinander bis Kopfhöhe, 4 Scheren zurück bis zur Taille. Beim Überkreuzen die Brust zusammendrücken (5mal, nach kurzer Pause wiederholen)

So kriegt Ihre Diä

Strafft den Bauch: In Rückenlage das Band über die Fußsohlen ziehen, Knie mit den beiden Bandenden an die Brust ziehen. Füße hochstemmen (Knie nicht ganz durchdrücken!) und zurück. Beim Stemmen ausatmen und die Beckenmuskeln zusammenpressen (10mal, nach kurzer Pause wiederholen)

NASTIK:

Kräftigt Po und Schenkel: In Seitenlage das erhobene Bein in der Schlaufe so hoch wie möglich strecken (10mal). Dann das Band über die Oberschenkel ziehen, das untere Knie anwinkeln, das andere bis zum rechten Winkel heben (10mal, Seitenwechsel, nach kurzer Pause wiederholen)

den richtigen Kick

Man speckt ab, um sich wohl zu fühlen und eine tolle Figur zu bekommen. Aber zu einer tollen Figur gehören auch ein paar straffe Muskeln - und zwar an den richtigen Stellen! Das geht leider nicht von selbst. Die 10 Übungen auf dieser und den nächsten Seiten sind ein komplettes 10-Minuten-Programm. Es formt Ihren Körper auch dort, wo sich sonst schwer etwas erreichen läßt. Und: Das Ganze klappt wirklich auf die sanfte Tour. Sie können gleichzeitig Ihre Diät durchziehen und laufen nicht Gefahr, sich dabei irgendwie zu übernehmen.

Sie werden einfach jeden Tag ein bißchen schlanker - und schöner. Interessiert?

Die Problemzonen-Übungen garantieren einen femininen, gut proportionierten Body, denn sie heben den Busen, formen die Taille, sorgen für feste Arme und schmale Schenkel. Ins Fitneßstudio rennen müssen Sie deswegen nicht, unser Programm klappt wunderbar zu Hause. Das einzige, was Sie brauchen, ist ein sog. "Physioband", möglichst eines, das man zur Schlaufe zusammenclippen kann. Solch Exemplar kostet im Sportfachhandel ab etwa 13 Mark, es wird in unterschiedlichen Ausführungen und verschiedenen Stärken angeboten. Um Muskelkater zu vermeiden, sollten Sie mit einem relativ weichen Fitnessband anfangen. Wenn Sie

Strafft die Arme: In lockerem Grätschstand auf das Band treten, Becken nach vorn schieben. Die Enden mit gleichmäßigem Zug festhalten, Arme seitlich bis Schulterhöhe heben, absenken (10mal). Dann abwechselnd links und rechts ziehen, dabei tief über die Hüfte der Gegenseite beugen (je 10mal)

Formt die Taille: Band unter den Achseln durchziehen, im Liegen die Beine aufstellen, einen Ellenbogen auf den Boden legen, den anderen Arm heben, Ellenbogen und gegenüberliegendes Knie zusammenführen. Zurück in die Ausgangslage, wiederholen (je Seite 10mal, nach kurzer Pause alles wiederholen)

Kräftigt den Rücken: Das Band unter starkem Zug mit ausgestreckten Armen hinten über den Kopf halten, mit leicht angewinkelten Ellenbogen über den Rücken bis auf Taillenhöhe absenken (möglichst ohne die Spannung zu verringern), dann das gleiche mit gestreckten Armen nach vorn (jeweils 15mal)

Stärkt die Oberarmmuskeln: Fuß und Hand halten die Schlaufe, Knie leicht gebeugt, Bauch- und Gesäßmuskeln angespannt. Das Band aus Taillenhöhe zur Schulter hochziehen (10mal je Arm). Dann in der gleichen Position den fast gestreckten Arm nahe am Körper nach hinten ziehen (10mal je Arm)

sich an die Übungen gewöhnt haben, können Sie mit der jeweils nächsthöheren Stärke weitermachen. Effekt: Bei gleicher Wiederholungszahl läßt sich der Trainingseffekt jedesmal steigern.

Was das "Physioband" bei dieser Gymnastik besonders bewirkt? Die Muskeln arbeiten gegen einen dehnbaren Widerstand und werden so gestärkt. Anders als mit dem guten alten Expander kann man bei diesem Sportband praktisch jede einzelne Muskelpartie gezielt ansprechen, eben auch an den typisch weiblichen Problemzonen wie Oberarme und Bauch.

Und: Alle Bewegungen sind harmonisch fließend. Bringt irre Spaß! (Übrigens: Weitere - kosmetische - Schönheitstips finden Sie im Kapitel "Wie Sie Ihre Haut beim Abnehmen in Schutz nehmen." s. Seite 84)

Aber unser Körperform-Service geht noch einen Schritt weiter. Denn nicht jede Übung ist für jede Figur gleichermaßen ideal. Der Body-Typ "Birnenform" braucht andere Gymnastik-Highlights als der V-Typ , der kurvige Typ sollte nicht dasselbe trainieren wie der Body-Typ "Apfelform" - was molligen Hüften guttut, läßt nämlich noch lange nicht dicke Schenkel schrumpfen!

Hier der Katalog der persönlichen Übungs-Schwerpunkte, wobei wir immer auch einen Satz zum ergänzenden Konditionstraining im Freien sagen, weil die Fettverbrennung bei hoher Pulsfrequenz am effektivsten klappt:

Der Body-Typ "Birnenform" hat in der Regel schmale Schultern und ausladende Hüften. Weil jedes Gramm Fett taillenabwärts wandert, sollten Sie sich bei unserem Programm auf Bauch, Po und Oberschenkel konzentrieren und darüber hinaus evtl. mit Hanteln den Oberkörper stylen, um dadurch die Proportionen optisch auszugleichen. Ideale Sportarten im Freien: Jogging und Walking, Langlauf und Ballspiele - Ausdauertraining eben.

Der Body-Typ "Apfelform" mit seinen dünneren Armen und Beinen setzt meistens in Körpermitte Fett an. Arme und Beine werden am besten mit leichten Gewichten trainiert. Von unserer Gymnastik eignen sich die Bauch- und Taillenübungen hervorragend, um der dortigen unterentwickelten Muskulatur auf die Sprünge zu helfen und schlaffer Haut vorzubeugen. Im Freien: Radfahren, Inline-Skating, Schwimmen und Rudern.

Der Body-Typ "V-Form" wird durch breite Schultern, schmale Hüften, wenig Taille gekennzeichnet und hat seine Gewichtsprobleme vor allem taillenaufwärts. Unsere Po- und Schenkelübungen sorgen dafür, daß sich dort genügend Muskeln für ausgewogenere Gesamt-Proportionen aufbauen. Ideal im Freien: Jogging und Walking, Skilang- und Schlittschuhlauf, diverse Ballsportarten - alles, was die Bein- und Pomuskulatur päppelt.

Der "kurvige" Body-Typ ist in vielen Fällen am besten dran: Da sitzt alles am rechten Fleck - wenn nicht das Problem mit dem Überall-Übergewicht wäre! Sie sollten ruhig sämtliche Übungen unseres 1o-Minuten-Programms absolvieren, aber nicht zu oft und zu intensiv, sonst entsteht zuviel Muskelmasse, und Sie sehen noch kurviger aus. Im Freien: Finger weg von Muskel-Pushern wie Sprinten oder Mountainbiking! Wichtig bei allen anderen Sportarten: hohe Pulsfrequenz, damit das Fett optimal verbrannt wird.

Jetzt ist alles gesagt, und Sie können mit Ihrer Diät endlich loslegen? Fast - aber nicht ganz. Wir müssen noch über Eß-Persönlichkeiten reden, und das machen wir umseitig.

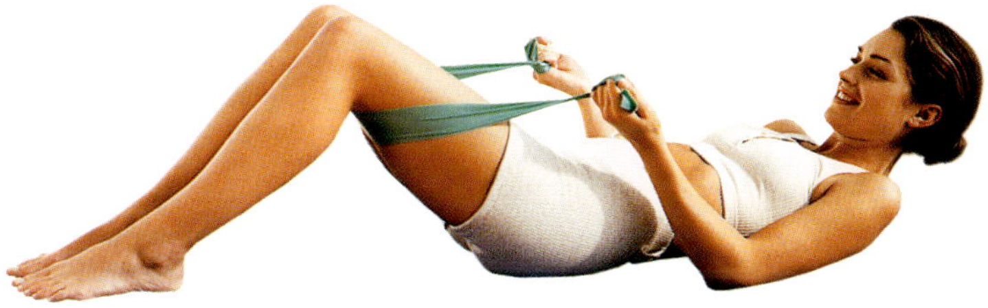

Stärkt die Bauchmuskeln: Mit angewinkelten Beinen auf den Rücken legen, das Band direkt über den Knien glatt um die Oberschenkel schlingen und daran mit beiden Händen Kopf und Schultern hochziehen, den Rücken dabei an den Boden pressen, ausatmen. Zurück in die Ausgangsposition, einatmen (10mal)

Kräftigt Rücken und Arme: Band unter den Fußsohlen durchziehen, mit straffem Zug in Kniehöhe festhalten, der Rücken ist ganz gerade. Die Enden an die Hüften ziehen und wie in einer Ruderbewegung locker lassen, vorbeugen und wieder an den Körper ziehen (15mal, nach einer Pause wiederholen)

Alle Menschen sind gleich

Wissen Sie wirklich genau, was für eine Eß-Persönlichkeit Sie sind? Bei denen, die Ernährungsfehler machen, unterscheidet man vier: Den "Immer dieser Streß!"-Typ, den "Einmal ist keinmal!"-Typ, den "Alles oder nichts!"-Typ und den "Man gönnt sich ja sonst nix!"-Typ. Weil es für jeden ganz individuelle Methoden gibt, erfolgreich seelischen Ballast abzuwerfen und falsches Eßverhalten zu ändern, sollten Sie vielleicht ruhig mal in diese Psycho-Typologie reinschmecken. Obwohl sie sich augenzwinkernd liest - es ist viel Wahres dran:

DER "IMMER DIESER STRESS!"-TYP

Wenn Sie unter Druck geraten - passiert öfter, stimmt's? -, fangen Sie einfach heftig an zu essen. Selbst wenn Sie mitten in einer Diät sind. Das hilft Ihnen abzuschalten. Anders können Sie mit stressigen Situationen nur schwer umgehen. Sie sind ein ordentlicher und gewissenhafter Mensch, holen oft auch für Freunde oder Kollegen die Kohlen aus dem Feuer, kämen trotzdem nie auf die Idee, sich einfach auszuklinken, wenn 's eng wird. Aber während Sie in Ihren Hamburger beißen, haben Sie irgendwie das Gefühl: Endlich tue ich mir was Gutes, diese Pause ist mein Notanker, jetzt muß ich - wenn auch nur kurz - wirklich mal an mich denken.

Der "Immer dieser Streß!"-Typ hat gelernt, pausenlos zuständig zu sein. In der Kindheit wurde er vielleicht stets dann besonders geliebt, wenn er gute Leistungen vorzuweisen hatte. Das prägt. Der Streß-Typ zieht Arbeit und Probleme wie ein Magnet an. Nur: Auch er ist ein Mensch mit begrenztem Power-Vorrat, obwohl er das eigentlich nicht so recht wahrhaben mag. Wird dann plötzlich alles zuviel, bleibt bloß ein Ausweg: Fluchtpunkt Futtern! Dabei kann man auftanken! Womöglich steckt sogar noch ein bißchen unbewußter Trotz mit dahinter. Nach der Devise: "Die anderen könnten ruhig merken, daß ich überlastet bin, aber bitte: dann eben nicht!" ist der Streß-Typ selbst nett zu sich.

Übrigens: Auch Langeweile kann Streß sein. Da entsteht dann genauso innere Anspannung wie bei einer echten Überforderung. Die Reaktion ist im Zweifel die gleiche: Essen.

Wie Sie das Streßgefühl anders viel effektiver bekämpfen können? Auf zwei ganz unterschiedliche Arten. Methode I: Fenster auf und langsam ausatmen. Stellen Sie sich dabei vor, Sie würden mit der verbrauchten Luft den ganzen Streß hinausblasen. Beim tiefen Einatmen denken Sie sich dann, Sie saugten ultrafrische Energie in sich auf. Das wird fünfmal wiederholt - ohne große Anstrengung. Tut ungeheuer gut!

Methode II: Ein kleiner Phantasietrip. Schultern lockern, Augen

Dauernd Stress – Essen als Ausgleich?

– aber nicht beim Essen

schließen und träumen - von einer Insel im blauen Meer. Sie hassen Inseln im blauen Meer? Dann erinnern Sie sich eben an eine besonders glückliche Situation in Ihrem Leben. Hauptsache, Sie schalten ab, entspannen - und denken nicht ans Essen ...

Langfristig ist es mit solchen Minimaßnahmen natürlich nicht getan. Sie müssen lernen, "nein" zu sagen. Schluß mit "Mädchen für alles". Delegieren Sie Arbeit und Verantwortung - beides ist keine Einbahnstraße nur in Ihre Richtung. Und horchen Sie bewußter in sich hinein. Spüren Sie dem nach, was gut für Sie ist. Was wollen Sie wirklich?

Bestimmt nicht immer bloß essen.

DER "EINMAL IST KEINMAL!"-TYP

Nennen wir die Sache beim Namen: Sie sind leicht verführbar. Gerade bei Gaumen-Genüssen. Wie oft haben Sie sich schon vorgenommen, Ihr Eßverhalten zu ändern, die dringend notwendige Diät zu starten, um endlich schön schlank zu werden. Wetten, daß Sie diesen Vorsatz am liebsten nach einem fabelhaften Dinner fassen, wenn Sie rundherum zufrieden sind?

Die Absicht verblaßt meist schon über Nacht. Und wenn dann die nächste Verlockung naht - der leckere Kuchen beim Bäcker, das tolle kalte Bufett in der Firma, die phantastische Einladung zum Abendessen -, bröckelt der Entschluß, das Ruder herumzuwerfen, endgültig. Der Satz: "Morgen ist auch noch ein Tag" beschönigt die Kapitulation. Ist doch wahr: Warum gerade jetzt kasteien? Ich kann mit der Diät schließlich auch anfangen, wenn nichts Besonderes anliegt, oder? Das Leben ist kurz, und lang ist die Liste der Ausreden. Der "Einmal ist keinmal!"-Typ hat's nicht leicht. Man muß sich das so vorstellen: Die eine Hälfte seiner Persönlichkeit verlangt streng nach Selbstdisziplin, die andere haßt jede Art von Bevormundung. Bei der geplanten Diät liegen beide Hälften im ständigen Clinch miteinander. Das Ärgernis ist nicht so sehr die äußere Verführung, sondern die innere Reaktion darauf. Unser Typ betreibt Selbst-Sabotage, indem er gegen seine eigenen Vorschriften aufbegehrt und sich mit dem nächsten Kalorienbomber beweisen will: "He, ich bin einer freier Mensch, verstanden!?"

Bei diesen zwei Seelen in einer Brust braucht die diszipliniertere von beiden dringend Unterstützung. Das läßt sich per Autosuggestion durchaus bewerkstelligen. Klemmen Sie zum Beispiel Zettel mit Motivations-Sprüchen wie "Ich schaff's!" oder "Die 10 Pfund sind in zwei Wochen weg!" hinter den Badspiegel. Plazieren Sie solche Heilsbotschaften ebenso in ihrem Portemonnaie. Auch Fotos wirken Wunder - nicht das eigene im zu engen Bikini, sondern Bilder von

Diät jetzt – oder doch lieber morgen?

Wochenlang gesündigt – jetzt oder nie?

tollen Magazinschönheiten. Damit verstärken Sie Ihre Zielabsichten.

Und noch ein - zugegeben - fieser Trick: Plaudern Sie Ihre Diätpläne vor möglichst vielen Leuten aus. Es ist nämlich verdammt peinlich, später bei Nachfragen ein eventuelles Scheitern einzugestehen. Langfristig heißt es Farbe bekennen. Wenn Ihnen der Abnehmerfolg so wichtig ist, wie Sie immer sagen, dann müssen Sie da eben durch. Aber zum Glück gibt es in diesem Buch ja sanfte Diäten, die Ihnen die Freiheit lassen, zwischendurch a little bit zu sündigen ...

DER "ALLES ODER NICHTS!"-TYP

Weihnachten, Ostern, Familienfeiern - es gibt so viele Gelegenheiten, ein paar Pfunde zuzulegen, über die Stränge zu schlagen. Aber leider gibt es auch genauso viele Gründe, eine Diät zu beschließen: Der Strandurlaub steht vor der Tür, eine Party ist angesagt, bei der Sie unbedingt eine gute Figur machen wollen, und morgens, nackt vorm Spiegel, schlägt die Stunde der Wahrheit auf einmal so bitter, daß nur noch eins hilft - der Entschluß "runter mit dem Fett". Mit Verlaub: Sie sind ein Quartalsmensch. Und was macht der Quartalsmensch, wenn er sich seinem angestrebten Zielgewicht mit Mühen genähert hat? Er wird wieder nachlässig! Hier ein klitzekleines Stückchen Torte, dort ein freundlicher Eisbecher (aber bitte mit Sahne), und das üppige Drei-Stunden-Menü wird man ja wohl unmöglich einfach zurückgehen lassen können, oder? Es dauert gerade mal ein paar Wochen, schon fängt die Waage wieder an zu wimmern. Und eines Morgens ist klar, daß es nur noch eine Rettung gibt: die nächste Diät. Rauf und runter geht das Leben - jojo.

Wer gern nach dem Motto "Alles oder nichts" verfährt, tut das auch beim Essen. Und weil man ein so umgänglicher Mensch ist, der niemanden vor den Kopf stoßen will, ißt man oft allein aus purer Nettigkeit mehr, als man eigentlich wollte. "Ich kann den Gastgeber doch nicht enttäuschen, er hat sich mit der Einladung solche Mühe gegeben." Außerdem zählt es zu den guten Sitten, bei kleinen und großen Festen ausgiebig zu spachteln, richtig?

Wenn nur das böse Erwachen nicht wär'...

Wie Sie aus dieser Auf-und-ab-Gewohnheit ausbrechen? Zunächst mal mit einer großen Portion Selbstbetrug! Weil das Sehzentrum im Gehirn und unser Magen gut miteinander auskommen, gaukeln Sie Ihrem Bauch kurzerhand vor, er kriege nach wie vor randvolle Teller serviert - mit dem feinen Unterschied, daß es sich ab sofort um kleine Dessertteller handelt.

Ansonsten: Essen Sie in Zukunft konzentrierter und bewußter. Hören Sie damit auf, bei den Mahlzeiten zu lesen und fernzusehen. Wer das tut, merkt nämlich meistens gar nicht, was und wieviel er da zu sich nimmt. Genießen Sie das Essen, kauen Sie gründlich, machen Sie nach dem ersten Drittel eine Pause. Dann stellt sich das Sättigungsgefühl schon ein, bevor alles aufgefuttert ist.

Und: Lassen Sie sich nicht mehr

nötigen! Natürlich meinen es die anderen gut, wenn sie Ihnen immer noch mal nachlegen möchten. Sagen Sie: "War ausgezeichnet, ehrlich. Aber ich bin satt, so leid mir's tut." Kleiner Trick am Rand: Wer schön langsam ißt, läuft nicht so leicht Gefahr, mit seinem leeren Teller Aufmerksamkeit zu erregen. Langfristig müssen Sie wohl oder übel von den "Exzessen" runter. Daß der Jojo-Effekt, dieses ewige Zu- und Abnehmen, gesundheitlich bedenklich ist, haben wir schon im Einstiegsteil unseres Buches erläutert. Streben Sie eine gewisse Gleichmäßigkeit bei der Ernährung an. Egal, ob Feier- oder Arbeitstag: Kalorienbomben lassen sich 365 Tage im Jahr durch leichte Speisen ersetzen. Das ist keine Frage des Geschmacks.

DER "MAN GÖNNT SICH JA SONST NIX!"-TYP

Schlemmer sind schlaue Leute. Weil sie gar nicht erst den Versuch unternehmen, sich auf Unwissenheit rauszureden. "Ich kann auf alles verzichten", sagt Oscar Wilde, "nur nicht auf Luxus." Dem "Man gönnt sich ja sonst nix!"-Typ geht es ganz genauso. Der ist nicht wild auf Spargel - der ist wild auf Spargel mit Sauce hollandaise. Der giert nicht nach Garnelen - der will bloß diesen wundervollen Garnelencocktail haben. Und der Trüffel da muß auch weg, also wird sich geopfert...

Es sind nicht die alltäglichen Situationen der profanen Nahrungseinnahme, die den Schlemmer-Typ gefährden, sondern einzig und allein die besonderen Gelegenheiten. Und die führt er heftig und häufig herbei! Nicht mit Absicht - automatisch. Ein sinnliches Wesen wie unser "Man gönnt sich ja sonst nix!"-Typ lebt seine fünf Sinne voll aus, fühlt sich von gut duftenden und appetitlichen Dingen magisch angezogen. Das Beste ist gerade gut genug! Psychologen würden mutmaßen, dieser Typ hat Zeiten hinter sich, in denen er viel entbehren mußte, und nun will er das alles wieder wettmachen.

Wie auch immer: Beim Essen und Trinken jedenfalls sollten Sie den Anfängen wehren. Das klappt leichter, als mitten im Genießen auf die Bremse zu treten. Aber wie wehrt man den Anfängen? Es gibt einen wahren Spruch, der bei Ihnen hilft: "Aus den Augen, aus dem Sinn". Delikatessen, die nicht vor Ihrer Nase herumstehen, werden zu Petitessen, und damit kommen Sie doch klar, oder?

Und wenn Sie öfter mal den Alkohol aus Ihrer Reichweite verbannen, wird's noch einfacher. Ein guter Tropfen gefährdet gute Vorsätze. Sie kennen das doch: Nach ein paar Gläsern sieht man überhaupt nicht mehr ein, warum von all den Köstlichkeiten auch nur ein Krümel übrigbleiben soll!

Langfristig hat ein Augenmensch wie Sie bestimmt Vergnügen daran, auch unprätentiöse Mahlzeiten durch entsprechende Servietten, Gläser, Blumen und Geschirre zu Festmenüs aufzuwerten. Sogar eine Diät läßt sich auf diese Art zelebrieren. Und warum probieren Sie nicht mehr von diesen japanischen und chinesischen Rezepten im Wok aus, die viel hermachen und wenig Kalorien haben?

Luxus – aus den Augen, aus dem Sinn?

Power Drinks: Mehr

Geballte Energie im Glas: Unsere Spezial-Drinks schmecken köstlich und versorgen den Körper mit jeder Menge Vitalstoffen

Kraft durch Saft

Sie kennen die Survival-Weisheit: Ohne Essen können wir wochenlang überleben, ohne Flüssigkeit stehen wir schon nach drei Tagen vor dem Aus. Das gilt auch für Diät-Aktivisten.

Wer abnehmen und dabei fit sein will, muß schlucken - nicht zu knapp. Kein Abspeck-Programm ohne zweieinhalb, besser noch drei Liter Flüssigkeit pro Tag, auch im Winter! Am besten tut's kohlensäurefreies Mineralwasser. Erstens, weil es null Kalorien hat. Zweitens, weil es, 10 Minuten vor der Mahlzeit getrunken, die Verdauung aktiviert und gleichzeitig den ersten Heißhunger killt. Drittens, weil Mineralwasser Kalium und Magnesium enthält - genau die Mineralstoffe, die der Körper bei einer Diät verliert.

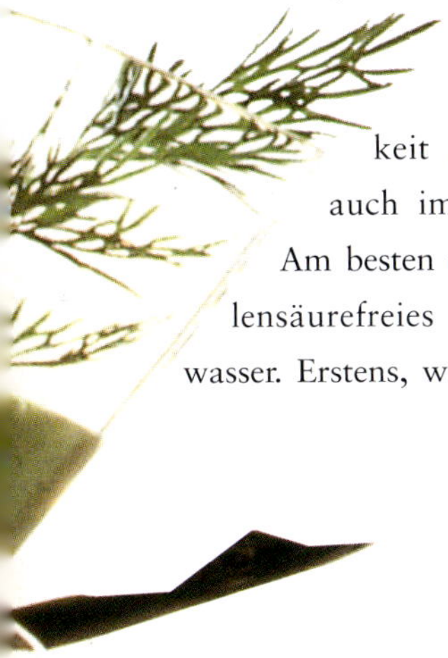

Ein paar Tassen ungesüßter Kaffee sind auch okay, Tee ebenso - der berühmte Mate-Tee hat sich sogar als besonders effektive Appetitbremse bewährt, doch mehr als zwei Portionen pro Tag müssen nicht sein. Wenn Sie Brennesseltee mögen: Der entwässert prima.

Aber wir wollen im Zusammenhang mit "Trinken" keineswegs bloß von schnöder Flüssigkeitsaufnahme reden. Trinken ist schließlich auch Energieschub und Genuß. Darum haben wir hier fünf Mega-Power-Drinks kreiert, die Ihre Lebensgeister munter machen, wenn Sie mal einen Diät-Durchhänger haben!

Na schön, sie sind nicht ganz ohne, was ihre Kalorienzahl anbelangt. Aber dafür lassen Sie dann einfach eine Haupt- oder Zwischenmahlzeit weg. Das gilt für jede der sieben verschiedenen Diäten, die wir Ihnen in diesem Buch zur Auswahl anbieten.

Die neuen Mega-Muntermacher

1. HOLUNDER-MIX

Für 1 Glas (200 ml): 100 ml Holundersaft mit 75 ml Mineralwasser und 1-2 EL Mariendistelsaft vermischen. Alles in ein Glas geben und miteinander mischen.

Holundersaft stärkt das Immunsystem. Mariendistelsaft kräftigt Leber und Galle.

62 Kalorien pro Glas

2. ENERGIE-EXPRESS

Für 1 Glas (225 ml): 125 ml Energy-Drink (z.B. Flying Horse) mit 125 g Erdbeeren, Saft von 1/2-1 Zitrone und einigen Zweigen Zitronenmelisse pürieren.

Energie-Plus durch Taurin, Glucuronolacton und Koffein, zusätzlich Vitamine.

106 Kalorien pro Glas

3. MANGO-COCKTAIL

Für 1 Glas (225 ml): 1/2 Mango (175 g) schälen, in Stücke schneiden, pürieren. 2 Orangen auspressen, mit dem Mangopüree mischen. Alles in ein Glas füllen, Eiswürfel zugeben, mit einer Karambolescheibe verzieren.

Eine Vitamin-A- und C-Bombe!

194 Kalorien pro Glas

4. BANANEN-SHAKE

Für 1 Glas (225 ml): 1 Banane schälen, mit 1/2 Becher Vollmilch-Joghurt pürieren. Mit 100 ml Mineralwasser auffüllen, 1-2 TL Guarana einrühren.

Kohlenhydrate (Banane) bringen schnelle Energie und bessere Konzentration, Koffein (Guarana) sorgt für mehr Pep.

173 Kalorien pro Glas

5. KRÄUTER-KEFIR-DRINK

Für 1 Glas (300 ml): jeweils 1 Bund Petersilie und Dill waschen, grob kleinschneiden. Mit 150 ml Kefir und 1 EL Sonnenblumenkernen pürieren. 1-2 EL Weizenkeime, Salz, evtl. etwas Mineralwasser zufügen.

Mineralstoffe ohne Ende!

300 Kalorien pro Glas

Neu: Die Für-immer-

Jede Diät ist nur so gut wie der Vorsatz, hinterher nicht wieder zuzunehmen.
Und weil's dabei mit dem Vorsatz allein nicht klappt, dreht sich in diesem Kapitel alles ums wirklich Machbare. Motto: Ich will meine falsche Ernährung umstellen - und falsch muß sie gewesen sein, sonst wäre ich wohl kaum zu dick -, wie klappt das am besten, ohne daß ich in Zukunft selbstquälerisch und unfroh durchs Leben gehe?
Zuerst noch mal die alte Grundregel: Was wir essen, müssen wir auch verbrauchen. Essen wir mehr, als der Körper benötigt, nehmen wir zu.
So einfach ist das.
Auch in der täglichen Praxis?
Im Kapitel "Wo all die überflüssigen Pfunde herkommen", s. Seite 16, haben wir realisiert, daß der "Grundumsatz" unseres Körpers - das, was er an Energie braucht, um quasi "stand-by"zu funktionieren - bei jüngeren Frauen bis zu 1500, bei etwas älteren ca. 1300 Kalorien bedeutet. Hinzu kommt der "Arbeitsumsatz", also jedwede zusätzliche normale körperliche Aktivität, der - je nach Intensität - mit einigen hundert Kalorien extra zu Buche schlagen kann. Macht bei Ihnen, wenn Sie vielleicht tagsüber im Büro sitzen oder Hausarbeit leisten, zusammen etwa 2000 kcal. Menschen, die körperlich richtig hart arbeiten, (ver)brauchen natürlich viel, viel mehr Kalorien. Nur: Die haben in der Regel keine Diät-Ambitionen, vergessen wir sie hier also einfach.
Da die verschiedenen Diäten in diesem Buch je nach Zusammensetzung auf 800 bis 1200 Kalorien ausgelegt sind, ist klar, daß die Pfunde nur so schmelzen. Aber, wie gesagt: Das Abnehmen ist der eine Teil der Wahrheit - das Nicht-wieder-Zunehmen der andere .
Die langfristige Umstellung der Ernährung (neben der Bereitschaft, endlich auch einiges für die körperliche Fitness zu tun und so zusätzlich Fett zu verbrennen) sorgt für den entscheidenden Erfolg, und merkwürdig: Eigentlich geht das ganz einfach!
Wenn die Gesamtkalorienzahl den tatsächlichen Tagesbedarf nicht überschreitet und der Nährstoff-Mix stimmt - gemeint ist die ausgewogene Mischung von Kohlenhydraten und Fetten, Eiweiß, Mineralstoffen, Vitaminen und Spurenelementen, Ballaststoffen und Wasser -, läuft unser Stoffwechsel optimal, und wir schleppen in Zukunft kein ärgerliches Übergewicht mit uns herum.
Um mal eben ein eventuelles Mißverständnis auszuräumen: Wir mäkeln dauernd am Fett herum, aber natürlich brauchen wir Fette für eine rundum stimmige Ernährung.

schlank-Methode

Sogenannte ungesättigte Fettsäuren - etwa aus kaltgepreßten Ölen - sind sogar lebensnotwendig! Aber viele Lebensmittel - vom Schnitzel bis zum Quark(!) - enthalten versteckte Fette, und die haben wir einfach nicht auf der Rechnung. Und außerdem werden Fettkalorien vom Körper eher gespeichert als beispielsweise Kohlenhydratkalorien, die gehen meistens gleich im "Alltagsbetrieb" drauf.

GESUNDE ERNÄHRUNG - WAS HEISST DAS DENN NUN KONKRET ?

Und wieder einmal haben die Amerikaner zugeschlagen: Den Washingtoner Ministerien für Gesundheit und Landwirtschaft verdanken wir eine "Ernährungs-Pyramide". Wer sich nach einer erfolgreichen Diät daran orientiert, kennt in Zukunft keine Probleme mehr mit dem Dicksein.

Die US-Pyramide hat vier Etagen: Unten im Sockel lagern Brot und Nudeln, Müsli und Milchreis - kohlenhydratreiches Getreide ist die Basis einer gesunden Ernährung. Davon sollten wir am meisten essen. Konkret: Bei einer normal großen Frau dürfen's acht bis neun Portionen sein, wobei eine Portion rein rechnerisch eine halbe Tasse gekochten Reis oder Nudeln, 30 g Müsli und eine Scheibe Brot (ohne was drauf) bedeutet.

Im ersten Stock: die Abteilung Obst und Gemüse. Davon wird niemand zu dick. Ob Sie nun sieben Äpfel oder vier Blumenkohlköpfe essen (wer tut das schon?), die haben grad mal so viele Kalorien wie 1x Pommes. Tägliches Minimum: 2 Portionen Obst

BALLASTSTOFFE, MINERALSTOFFE, EIWEISSTOFFE - ALLES KLAR ?

Der Körper braucht eine Vielfalt unterschiedlicher Nährstoffe, um sich top zu fühlen. Keine Sorge: In einer vernünftigen Ernährung - auch in allen JOURNAL-Diäten - stimmt die Mischung automatisch. Lesen Sie, welche Bausteine in unserem Stoffwechsel wie wirken:

Kohlenhydrate (stecken in Brot, Obst und Gemüse) und Fette (vor allem in Butter, Öl, Wurst und Nüssen) sind die wichtigsten Energielieferanten. Der Körper benötigt sie für die Aufrechterhaltung aller Stoffwechselfunktionen und seine Arbeitsleistungen.

Eiweißstoffe (bzw. Proteine) fördern ebenfalls die Energiegewinnung, dienen aber zugleich als Bausubstanz für Zellen, Enzyme und bestimmte Hormone.

Wir holen sie uns besonders aus Fleisch, Fisch oder Eiern. Proteine versorgen unsere Muskeln.

Mineralstoffe (zum Beispiel: Kalium oder Magnesium) zählen gleichfalls zu den Körperbausteinen. Kalium bildet Knochensubstanz, Magnesium aktiviert über 300 Enzyme.

Vitamine und Spurenelemente steuern in vielfacher Weise den Stoffwechsel und schützen den Körper vor krankmachenden Außeneinflüssen (das gilt besonders für die Vitamine C und E). Mehr darüber im Extra-Kapitel "Ihr großer Vitamin-Check-up", s. Seite 96.

Ballaststoffe tragen ihren Namen zu unrecht - diese unverdaulichen Nahrungsbestandteile sind nicht purer Ballast, sie steuern das Hunger- und Sättigungsgefühl, regen die Darmtätigkeit an (sorgen also für eine gute Verdauung) und haben eine wichtige regulierende Aufgaben im Zucker- und Fettstoffwechsel. Lebensmittel mit den höchsten Ballaststoffanteilen: weiße Bohnen und Linsen, Roggenknäckebrot, Vollkornnudeln ohne Ei, getrocknete Feigen, Datteln und Pflaumen.

Wasser ist der Hauptbestandteil des Körpers und wichtigstes Bauelement. Es sorgt für den Stofftransport im Blut und steuert die Wärmeregulierung (denken Sie bloß ans Schwitzen).

(etwa 2 Äpfel) oder 3 Portionen Gemüse (z. B. je 50 Gramm Rohkost).

In der zweiten Pyramiden-Etage gibt's sowohl Milch, Joghurt und Käse als auch Fleisch, Geflügel, Fisch, Hülsenfrüchte und Eier - die Eiweißlieferanten.

Hier ist erste Zurückhaltung angesagt. Zwei bis drei Portionen pro Tag aus einer der beiden Gruppen reichen. Beispiel: ein Glas Milch, ein Joghurt, 30 g Käse oder 50 g Fleisch. Aber das darf man wirklich nicht ganz so eng sehen - wer heute ein größeres Steak möchte, verzichtet dann eben morgen auf Wurst oder Käse.

In der Spitze der Pyramide sitzt für viele die Verlockung: Fette, Öle und Süßigkeiten! Ganz streichen müssen Sie die nicht - bloß äußerst sparsam damit umgehen. Butter aufs Brot? Okay. Und naschen? Nun ja, mehr als 50 bis 60 Gramm Zucker pro Tag sind eigentlich nicht drin. Für Arnold Zabert, Herausgeber des Klassikers "Kochen - die große Schule", ist mit der Portions-Pyramide aus Amerika das Kalorienzählen sogar gänzlich "überflüssig" geworden.

Aber es gibt noch etwas Besseres.

GILT IMMER DERSELBE FAHRPLAN - EGAL, OB MAN 20, 30 ODER 40 IST ?

Gute Frage. Die Frage ist sogar so gut, daß französische Ernährungswissenschaftler (nein, diesmal sind's wirklich keine Amerikaner) 1995 die erste altersspezifische Figur-Forschung abgeschlossen und veröffentlicht haben.

Fakt Nr. 1: Im Alter zwischen 20 und 40 Jahren nimmt praktisch jede Frau bis 20 Pfund zu - auch wenn sie in der ganzen Zeit theoretisch nicht eine einzige Kalorie mehr gegessen hat! Das liegt am allmählich sinkenden Grund- und Arbeitsumsatz (siehe das Kapitel "Wo all die überflüssigen Pfunde herkommen", Seite 16). Bei einer 20jährigen ist der gemeinsame Wert eindeutig am höchsten, bei einer 30jährigen dürfte er schon leicht, bei einer 40jährigen bereits deutlicher gesunken sein.

Fakt Nr. 2: Einfach weniger essen reicht nicht, um das Gewicht trotzdem zu halten. Entscheidend ist die optimale Zusammensetzung der Nahrung. Und die sieht bei 20-, 30- und 40jährigen ganz unterschiedlich aus: 20jährige brauchen vor allem hochwertige Kohlenhydrate, 30jährige Kohlenhydrate und Proteine (Eiweiß), 40jährige ganz besonders viel Eiweiß!

Auf der Basis dieser Untersuchungsergebnisse hat JOURNAL FÜR DIE FRAU Hitlisten der wichtigsten Lebensmittel-Gruppen für die drei Altersstufen entwickelt. Hier sind sie:

Hochwertige Kohlenhydrate

Frauen um die 20 sind hyperaktiv. Sie brauchen deshalb die ganze Kraft der Kohlenhydrate. Aber nur Kohlenhydrate aus Nudeln & Co. halten wirklich schlank!

1 KARTOFFELN, NUDELN, REIS: Sie bringen Kohlenhydrate satt, stoppen den Hunger für Stunden und sorgen für Dauer-Power. 3mal pro Woche sollte eine Portion (Nudeln & Reis 100 g; Kartoffeln 200-250 g) auf dem Speiseplan stehen.

2 SCHINKEN: Ob gekocht oder roh – er liefert wertvolles tierisches Eiweiß und wichtige B-Vitamine. 1-2mal pro Woche (insgesamt 100 g) sind optimal. Tip: Fettrand immer abschneiden.

3 GEMÜSE: 300 g täglich sind Pflicht, davon die Hälfte möglichst roh als Salat essen. Der Grund: Paprika, Tomaten & Co. haben nur wenige Kalorien, stecken aber voller Vitamine, Mineralien und liefern obendrein sättigende Ballaststoffe, die die Verdauung fördern.

4 KÄSE: Er bringt hochwertiges tierisches Eiweiß und eine Extraportion Kalzium. Deshalb: mindestens 1mal pro Woche Käse (100 g) essen. Wichtig: fettarme Sorten (20-30 %) bevorzugen.

5 MILCH, JOGHURT, QUARK: In Milchprodukten steckt das meiste Kalzium. Der Körper braucht davon jetzt besonders viel (1000 mg pro Tag), weil der Mineralstoff für den Knochenaufbau wichtig ist. Tägliches Soll: 150 g Joghurt, 1 großes Glas Milch oder 1 Portion Quark (150 g).

6 FRÜCHTE: Täglich 200 g (rohes) Obst – und Sie haben alle Vitamine und Bio-Stoffe, die gesund und fit halten. Besonders zu empfehlen: Ananas, Äpfel, Kiwis, alle Beeren, Bananen. Möglichst Früchte essen, die gerade Saison haben.

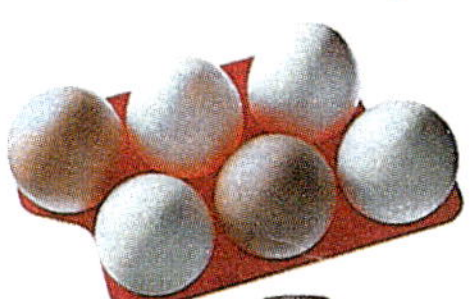

7 EIER: Unter der harten Schale sitzt gleich ein ganzer Nährstoff-Cocktail (Vitamine, Mineralien, Protein). 1-2 Eier pro Woche sind deshalb absolutes Muß. Ideale Kombination: 1 Ei plus 200 g Kartoffeln. Das bringt Power-Protein für den Muskelaufbau und ein straffes Bindegewebe.

8 PFLANZENÖL: 2 EL täglich reichen schon aus, um den Körper mit lebensnotwendigen mehrfach ungesättigten Fettsäuren und dem Schlank-Vitamin E zu versorgen. Besonders zu empfehlen: Sonnenblumen-, Maiskeim-, Soja- und Distelöl.

Kohlenhydrate und Proteine

Frauen ab 30 sind oft doppelt beansprucht: Karriere und Kinder. Sie brauchen die schlanke Kraftmischung aus Kohlenhydraten und Eiweiß!

1 MÜSLI, CORNFLAKES, HAFERFLOCKEN: Alles, was aus ganzen Getreidekörnern gemacht ist, liefert komplexe Kohlenhydrate, das Nerven-Vitamin B_1 und das Anti-Streß-Mineral Magnesium. Deshalb: 1mal täglich, am besten gleich mit Joghurt oder Milch und Früchten kombinieren.

2 FRÜCHTE: Sie bringen neben Vitamin C (stärkt die Immunabwehr) noch Spezial-Ballaststoffe (Pektine), die Gifte im Darm neutralisieren und entschlacken. Tagesration: mindestens 200 g. Wichtig: Äpfel oder Birnen nicht schälen, unter der Schale sitzen besonders viele der Bio-Stoffe.

3 LEBER: Darin steckt eine geballte Vitamin- und Mineralstoff-Dosis. Bereits 1 Portion Schweineleber (200 g) deckt den Eisenbedarf für 3 Tage und den Vitamin-A-Bedarf für 10 Tage. Deshalb: mindestens alle 2 Wochen 1mal Leber essen.

4 HÜLSENFRÜCHTE: Bohnen, Erbsen, Linsen gehören mit zu unseren besten Eiweißlieferanten. Sie bringen außerdem noch reichlich B-Vitamine und Mineralstoffe. Wochen-Pensum: 2 Portionen.

5 FISCH: Er liefert leicht verdauliche Proteine satt und bringt die wertvollen Omega-3-Fettsäuren. 200 g Seelachs decken bereits den Tagesbedarf an Jod (Anti-Kropf-Mineral). Fisch möglichst 2mal pro Woche essen. Fettarme Sorten wie Kabeljau, Scholle oder Rotbarsch bevorzugen.

6 MUSCHELN & KRABBEN: In ihnen steckt die volle Power des Meeres: Eiweiß, Jod, Eisen – und das alles bei nur wenigen Kalorien. 1mal pro Woche können Sie sich den schlanken Genuß gönnen.

7 VOLLKORNBROT: Sorten aus vollem Korn und Schrot sind echte Schlankmacher. Das Tagessoll (3 Scheiben ca. 150 g) hat nur 300 Kalorien, Dafür gibt's sättigende Kohlenhydrate (Stärke), reichlich B-Vitamine und Ballaststoffe.

8 GEMÜSE: 300 g versorgen Sie mit dem Tagesbedarf an allen Bio-Stoffen, die fit halten. Tip für Berufstätige: ruhig öfter tiefgefrorenen Broccoli & Co. verwenden. TK-Gemüse ist immer knackfrisch und obendrein auch noch ruck, zuck zubereitet.

Ganz besonders viel Eiweiß

Fast alle 40jährigen kämpfen mit den Pfunden, weil der Körper viel weniger Kalorien verbraucht. Da hilft nur: mit reichlich Eiweiß dagegen powern!

1 GEFLÜGEL: Pute und Hähnchen sind ausgesprochene Eiweißbomben, bringen aber nur wenig Kalorien (100 kcal/100 g). Geben Sie Pfunden keine Chance, essen Sie 2mal pro Woche Geflügel (200 g). Fett-Spartip: Haut abschneiden.

2 OBST: Beeren, Birnen, Trauben sind der vitaminreiche Snack für zwischendurch oder ein schlanker Nachtisch. Saure Früchte bevorzugen, die aktivieren den Stoffwechsel. Tagessoll: 250 g.

3 SEEFISCH: Er bringt neben Power-Eiweiß die wichtigen Omega-3-Fettsäuren, die die Zellalterung stoppen, und liefert wertvolles Vitamin D (wichtig für den Kalzium-Stoffwechsel). Deshalb: 2mal wöchentlich Lachs, Makrele oder Schellfisch.

4 MILCHPRODUKTE: Darin steckt neben hochwertigem Eiweiß das wichtige Kalzium. Das Mineral schützt vor Osteoporose (Knochenabbau). Tägliches Pflichtprogramm: 1 Glas Milch (0,2 l) und 1 Magerjoghurt (150 g) oder 200 g Magerquark.

5 GEMÜSE: Tagesration 300 g, die Hälfte davon roh als Salat essen. Bevorzugen Sie grüne Sorten (Kohl, Lauchzwiebeln, Broccoli, Erbsen). Wichtig: kalorienarm in wenig Brühe dünsten. Das schont die Bio-Stoffe. Dann 1 Scheibe Käse drüberschmelzen oder mit 1 EL Sahne verfeinern.

6 VOLLKORN: Gut zu wissen: nicht Brot oder Brötchen machen dick, sondern der (meist fette) Belag. 1mal täglich Vollkornbrot (2-3 Scheiben) liefert Ballaststoffe satt (regen die Darmfunktion an) und das wichtige Nerven-Vitamin B_1 (Thiamin).

7 FLEISCH: Magere Sorten wie Rinderfiletsteak, Schweinekotelett, Kalbschnitzel oder auch Kaninchen bringen geballte Eiweiß-Power und viel Eisen (wichtig für die Blutbildung). Am besten im täglichen Wechsel mit Fisch und Geflügel essen.

8 PFLANZENÖLE: Bereits 2 EL Weizenkeimöl dekken den Tagesbedarf an mehrfach ungesättigten Fettsäuren (11 g) und an Vitamin E (12 mg). Beide Stoffe verhindern den Muskelabbau. Möglichst kaltgepreßte Öle nehmen und immer sparsam dosieren: 1 EL hat schon 110 Kalorien!

Viel frisches Obst, knackiges Gemüse, fettarmer Fisch und mageres Fleisch: Das macht nicht nur optisch an, sondern schmeckt auch toll und gibt Energie, ohne zu belasten. Und täglich ist ein Pfund runter!

Salate • Suppen • Säfte

Vergessen Sie stundenlanges Brutzeln in der Küche! Vergessen Sie umständliches Abwiegen von Miniportionen! Vergessen Sie den Hunger! Denn diese neue 7-Tage-Diät macht gesundes Abnehmen so leicht wie nie! Pro Tag verlieren Sie EIN PFUND. Mindestens! Und das funktioniert so: Mit einem süßen oder pikanten SALAT (200 Kalorien) starten Sie in den Tag. Zum Mittagessen gibt's raffinierte, nur 200 Kalorien »leichte« SUPPEN – ganz OHNE KOCHEN! Denn sie werden im Handumdrehen kalt angerührt oder püriert. Abends darf es dann ein üppiger SALAT mit 300

Die leichteste

KEIN HUNGER

Kalorien sein. Dazu gönnen Sie sich vor- und nachmittags einen leckeren SAFT (100 Kalorien) zwischendurch – macht zusammen gerade mal 800 Kalorien. Die Ein-Wochen-Diät ist besonders leicht, weil wir sie besonders fettarm zusammengestellt haben. Sollten Sie mal Appetit auf Warmes haben, kein Problem: Die Suppe vom 2. und 7. Tag können Sie auch heiß essen. Übrigens: Am Schluß finden Sie zusätzlich die besten TIPS & TRICKS, die das Schlankwerden und -bleiben noch leichter machen. Dort steht auch die komplette EINKAUFSLISTE für alle Tage, die Sie einfach kopieren und mit in den Supermarkt nehmen können. Wir wünschen Ihnen viel Erfolg!

Diät der Welt

EIN KOCHEN • KEIN STRESS

Knackig: Selleriesalat (oben); frisch: Joghurt-Gurken-Suppe (Mitte); knuspersüß: Erdbeer-Kiwi-Salat mit Haferflocken (unten)

1. TAG

Frühstück:

ERDBEER-KIWI-SALAT

200 g Erdbeeren und 1 Kiw putzen, kleinschneiden. Mit Zi tronensaft und Süßstoff ab schmecken. 2 EL kernige Ha ferflocken darüber streuen.

Zwischendurch:

100 ml Ananassaft mit 100 m Mineralwasser auffüllen.

Mittags:

JOGHURT-GURKEN-SUPPE

1 Salatgurke (500 g) wascher kleinschneiden. Mit 1 Knob lauchzehe pürieren. 1 Beche Joghurt (150 g), 1 TL Crèm fraîche unterrühren. Schnitt lauchröllchen (1 Bund) zufüge 1 Scheibe Knäckebrot in Stück brechen, darauf geben.

Zwischendurch:

250 ml Tomatensaft.

Abends:

SELLERIE-SALAT

200 g Staudensellerie, 125 Babyananas und 50 g Salat pu zen, kleinschneiden. Mit 50 geräucherter Putenbrust, 25 Sojasprossen mischen. 3 E Knoblauch-Joghurt-Dressing darüber geben. 1 Scheibe Vol korntoast dazu essen.

Schnelle Hungerbremse für zwischer durch: Multivitaminsaft mit Mineralwasser

2. TAG

'rühstück:
IIMBEER-APFEL-SALAT
.00 g Himbeeren und 1 Apfel 125 g) putzen und klein-chneiden. 50 g Cremequark 0,2 % Fett) mit Zitronensaft ınd Süßstoff abschmecken ınd darüber geben.

'.wischendurch:
00 ml Multivitaminsaft mit 00 ml Mineralwasser auf-üllen.

Aittags:
'OMATENSUPPE
/4 l Tomatensaft mit 125 g ge-vürfelten Tomaten, 1 durchge-reßten Knoblauchzehe, 1 Pa-et tiefgefrorenen Kräutern und TL Olivenöl verrühren. Dazu Scheibe Vollkorntoast essen.

'.wischendurch:
00 ml Ananassaft mit 100 ml Aineralwasser auffüllen.

\bends:
:UCHINI-KÄSE-SALAT
.00 g Zucchini und 1 Bund Ra-lieschen putzen, kleinschnei-len. Mit 50 g Sojasprossen und /2 Beet Kresse mischen. 50 g Käse (20-30 % Fett) würfeln, larauf geben. 1 Tüte Fertig-oßenmischung für gemischten alat mit 2 EL Wasser ver-ühren, darüber geben. 1 Schei-e Vollkorntoast dazu essen.

Würzig: Tomatensuppe mit Kräutern (oben); herzhaft: Zucchini-Käse-Salat (Mitte); saftig: Himbeer-Apfel-Salat mit Cremequark (unten)

Edel: Melonensalat mit Lachsschinken (oben); pikant: Radieschensalat mit Kresse (Mitte); sommerlich: Aprikosensuppe mit Pistazienkernen (unten)

3. TAG

Frühstück:

RADIESCHENSALAT

1 Bund Radieschen putzen kleinschneiden. Mit Salz, Pfe fer, 1 EL Essig abschmecken 150 g Cremequark (0,2 % Fett mit 1 EL Crème fraîche und 1/ Beet Kresse verrühren. Über di Radieschen geben.

Zwischendurch:

250 ml Tomatensaft.

Mittags:

APRIKOSENSUPPE

250 g Aprikosen waschen, ent steinen, kleinschneiden un pürieren. 100 ml Multivitamin saft unterrühren. 1 TL gehack te Pistazienkerne darüber streu en.

Zwischendurch:

100 ml Multivitaminsaft mi 100 ml Mineralwasser auf füllen.

Abends:

MELONEN-SCHINKEN-SALAT

300 g Honigmelone und 50 Blattsalat putzen, kleinschne den. Mit 50 g Lachsschinke anrichten. 3 EL Knoblauch-Jo ghurt-Dressing darüber geber Dazu 2 Scheiben Knäckebrot.

4. TAG

Frühstück:
TRAUBENSALAT
200 g Weintrauben waschen, putzen, evtl. halbieren, mit 2 EL Corn-flakes mischen. Aus 50 g Cremequark (0,2 % Fett), Zitronensaft und Süßstoff eine Soße rühren und darüber geben.

Zwischendurch:
100 ml Ananassaft mit 100 ml Mineralwasser auffüllen.

Mittags:
KEFIR-PAPRIKA-SUPPE
200 g Kefir (3,5 % Fett) mit Salz, Pfeffer, Zitronensaft und Paprikamark abschmecken. Je 1/2 rote und gelbe Paprikaschote (à 75 g) und 5 grüne Oliven (20 g) kleinschneiden und in die Suppe geben. Mit Thymian und Majoran würzen.

Zwischendurch:
100 ml Multivitaminsaft mit 100 ml Mineralwasser auffüllen.

Abends:
SCHAFSKÄSESALAT
200 g Tomaten, 1/2 Salatgurke und 50 g Blattsalat putzen und kleinschneiden. 50 g Schafskäse würfeln, zufügen. Aus 1 Tüte Fertigsoßenmischung für gemischten Salat und 2 EL Wasser eine Soße rühren. Über den Salat geben und mischen. 1 Scheibe Vollkorntoast dazu essen.

Kalorienarmer Vitaminschub: Tomatensaft ist besonders reich an Vitamin C und Beta-Carotin. Wer's gern scharf hat, kann den Saft mit einem Schuß Tabasco würzen

Griechisch pikant: Schafskäsesalat mit Gemüse (oben); würzig: Kefir-Paprika-Suppe mit Kräutern (Mitte); fruchtig knusprig: Traubensalat mit Corn-flakes und Cremequark (unten)

Säuerlich pikant: Sellerie-Krabben-Salat (oben); fruchtig frisch: Erdbeer-Melonen-Suppe (Mitte); würzig: Gurkenrohkost mit Quark (unten)

5. TAG

Frühstück:

GURKENROHKOST

1/2 Salatgurke (250 g) waschen und raspeln. Mit Salz, Pfeffer und 1/2 Paket TK-Kräutern würzen. 100 g Cremequark (0,2 % Fett) mit 1 TL Crème fraîche, Salz, Pfeffer und 1/2 Paket tiefgefrorenen gemischten Kräutern verrühren. Über den Gurken verteilen. 1 Scheibe Knäckebrot dazu essen.

Zwischendurch:

100 ml Gemüsesaft mit Ballaststoffen und 100 ml Mineralwasser mischen.

Mittags:

ERDBEER-MELONEN-SUPPE

200 g Erdbeeren und 200 g Melone putzen und pürieren. 1 TL Crème fraîche unterrühren. 1 Vollkornzwieback in Stücke brechen, auf die Suppe geben.

Zwischendurch:

100 ml Ananassaft mit 100 ml Mineralwasser auffüllen.

Abends:

SELLERIE-KRABBEN-SALAT

200 g Staudensellerie, 1/2 Salatgurke (250 g) und 1 Apfel (100 g) putzen, kleinschneiden. Mit 100 g Krabbenfleisch mischen. 3 EL Knoblauch-Joghurt-Dressing darüber geben. 1 Scheibe Vollkorntoast dazu essen.

6. TAG

Frühstück:
ANANAS-KIWI-SALAT
125 g Babyananas und 1 Kiwi schälen, kleinschneiden und mischen. Aus 50 g Cremequark (0,2 % Fett), Zitronensaft und Süßstoff eine Soße rühren, über die Früchte geben.

Zwischendurch:
250 ml Möhrensaft.

Mittags:
MÖHREN-JOGHURT-SUPPE
200 ml Möhrensaft mit 1 Becher Vollmilchjoghurt (150 g) verrühren und mit Salz und Pfeffer abschmecken. 1 Apfel (100 g) kleinschneiden, in die Suppe geben. Mit Zitronenmelisse anrichten.

Zwischendurch:
100 ml Gemüsesaft mit Ballaststoffen und 100 ml Mineralwasser mischen.

Abends:
PAPRIKA-KÄSE-SALAT
Je 1/2 rote und grüne Paprikaschote (à 75 g) putzen. Die rote kleinschneiden, mit 75 g Maiskörnern und 40 g gewürfeltem Schnittkäse (20–30 % Fett) mischen. 1 Tüte Fertigsoßenmischung für gemischten Salat mit 2 EL Wasser verrühren. Über den Salat geben. Die grüne Paprika damit füllen.

Magenfüller: Der fertige Gemüsesaft (Reformhaus) ist noch mit pflanzlichen Ballaststoffen angereichert – die machen besser und länger satt

Sanft und mild: Möhren-Joghurt-Suppe mit Apfel (oben); knackig: Paprika-Käse-Salat mit Mais (Mitte); fruchtig: Ananas-Kiwi-Salat (unten)

Würzig: Gemüsesuppe mit Schafskäse (oben); nussig süß: Pfirsichsalat mit Sonnenblumenkernen (Mitte); herzhaft: Schinkensalat mit Mais (unten)

7. TAG

Frühstück:

PFIRSICHSALAT

2 Pfirsiche kleinschneiden. 1 Becher (150 g) Magermilchjoghurt mit Süßstoff verrühren, über die Früchte geben. 1 TL Sonnenblumenkerne darüber streuen.

Zwischendurch:

100 ml Multivitaminsaft mit 100 ml Mineralwasser auffüllen.

Mittags:

GEMÜSESUPPE MIT SCHAFSKÄSE

1/4 l Gemüsesaft salzen, pfeffern. 1 Zucchini (100 g) putzen, grob raspeln. Mit einer durchgepreßten Knoblauchzehe, 1/2 Bund gehackter Petersilie und 30 g kleingeschnittenem Schafskäse in die Suppe geben.

Zwischendurch:

250 ml Möhrensaft.

Abends:

SCHINKENSALAT

50 g Blattsalat, 1/2 Gurke (250 g), 1 Tomate kleinschneiden. Mit 50 g Mais und 50 g gekochtem Schinken mischen. Aus 1 Tüte Fertigsoßenmischung für gemischten Salat und 2 EL Wasser eine Soße rühren. Über den Salat geben.

Möhrensaft: Am besten ist er frisch aus dem Entsafter, aber auch im Fertigprodukt stecken noch jede Menge Vitamine

DAS SOLLTEN SIE IM HAUS HABEN:

Olivenöl oder anderes Öl
Knäckebrot, Vollkorntoast
kernige Haferflocken
Corn-flakes
Sonnenblumenkerne
Zitronen oder Zitronensaft
Fertigsoßenmischung
für gemischten Salat (Tüten)
Knoblauch-Joghurt-Dressing »leicht«
(Flasche)
Knoblauch
Paprikamark
Vollkornzwieback
gehackte Pistazien
flüssigen Süßstoff
An Gewürzen:
Salz, Pfeffer
Thymian
Majoran

DAS BRAUCHEN SIE FÜR DEN 1. BIS 4. TAG

50 g geräucherte Putenbrust
50 g Lachsschinken
1 Becher Vollmilchjoghurt (150 g)
1 Becher Crème fraîche (100 g)
1 Becher Cremequark
(500 g, 0,2% Fett)
90 g Schnittkäse
(20-30 % Fett)
1 Becher Kefir (200 g, 3,5% Fett)
80 g Schafskäse
2 Salatgurken
1 Staudensellerie (400 g)
1 Kopf Eisbergsalat oder
verschiedene Blattsalate
375 g Tomaten
200 g Zucchini
2 Bund Radieschen
1 Paket Sojasprossen
1 Beet Kresse
je 1 rote und gelbe Paprikaschote
(à 150 g)
200 g Erdbeeren
1 Kiwi
1 Babyananas (250 g)
200 g Himbeeren
1 Apfel (125 g)
250 g Aprikosen
1 Honigmelone (500 g)
200 g Weintrauben
1 Bund Schnittlauch
1 Paket tiefgefrorene
gemischte Kräuter (25 g)
1 Flasche Tomatensaft (0,75 l)
1 Flasche Multivitaminsaft (0,75 l)
1 Flasche Ananassaft (0,75 l)
1 kleines Glas grüne Oliven

DAS BRAUCHEN SIE FÜR DEN 5. BIS 7. TAG

50 g gekochten Schinken
100 g Krabbenfleisch
1 Becher Vollmilchjoghurt (150 g)
1 Becher Magerjoghurt (150 g)
1 Salatgurke
1 kleine grüne Paprikaschote (100 g)
100 g Zucchini
200 g Erdbeeren
1 Apfel (100 g)
2 Pfirsiche (à 100 g)
1 Topf Zitronenmelisse
1 Bund Petersilie
1 Paket tiefgefrorene gemischte Kräuter
1 Flasche Möhrensaft (0,75 l)
1 Flasche Gemüsesaft mit
Ballaststoffen (0,75 l, Reformhaus)
1 Dose Mais (150 g)

Wenn Kids zu dick

1,5 bis 2 Millionen Mädchen und Jungen in Deutschland haben zuviel auf den Rippen. Das betrifft besonders Zehn- bis Zwölfjährige. Unsere Kids fahren nämlich auf Fast Food ab - Pizza, Pommes frites, Hamburger, Schokoriegel und Chips - , viel mehr als auf das "gesunde Zeugs", das wohlmeinende Mütter auf den Tisch bringen. Weil manche Experten beschwichtigend behaupten, das mit den Burger-Bomben & Co sei doch bloß halb so schlimm, hier gleich mal vorweg die aufregende Liste der 20 beliebtesten Futtereien aus der Abteilung Fast Food, Süßes und Knabberzeug:

VIEL KALORIEN - WENIG VITAMINE

	kcal.
1 Portion Pommes frites mit Mayonnaise	ca.520
1 Hamburger	ca.230
1 Pizza Schinken/Salami (250 g)	ca.600
1 Bratwurst (150 g)	ca.550
1 Hot dog	ca.400
1 Portion Spaghetti Bolognese	ca.550
1 Portion Spaghetti mit Sahnesoße	ca.600
1 Croque Monsieur	ca.700
1 Käsetoast	ca.220
1 Toast mit Nußnougatcreme	ca.230
1 Croissant mit Schokofüllung	ca.250
1 Portion Tiramisu	ca.630
1 Kuchenmilchschnitte	ca.150
1 große Kugel Eiscreme (50 g)	ca.100
100 g Erdnußflips	ca.530
100 g Kartoffelchips	ca.670
100 g Salzstangen	ca.330
1 Tafel Vollmilch-Nuß-Schokolade	ca.580
1 Schoko-Karamel-Riegel	ca.300
100 g Gummibärchen	ca.300

sind: Die Teenie-Diät

Die ganze Burger-Eiscreme-Pizza-Palette liefert Fett, Zucker und Kalorien in Hülle und Fülle - mit Vitaminen, Mineral- und Ballaststoffen sieht es mau aus. Aber Kinder und Jugendliche interessieren sich nun mal nicht für ausgewogene Ernährung. Das ändert sich erst dann, wenn die Figur aus dem Leim geht, und die anderen Mädchen und Jungen anfangen, sie deswegen zu hänseln oder gar abzulehnen.

Soweit muß es nicht kommen. Erster Schritt: der elterliche Griff in die "kid-kulinarische" Trickkiste. Das geliebte Fast Food läßt sich nämlich durchaus gesund abwandeln - der Hamburger kriegt ein Vollkornbrötchen an Stelle des labberigen Gummiweißbrots, die Pommes werden ohne Fett im Backofen knusprig, den Schokoriegel ersetzt der zuckerfreie Müsliriegel, und statt Sahneeis und Kuchen gibt's Obstsalat oder Fruchtgelee.

Zugegeben: Damit ist es in manchen Fällen nicht getan. Wenn Kinder richtig diäten sollen, muß man zunächst mal mit Widerstand rechnen. Lassen Sie Ihrem Junior-Kandidaten also ein bißchen Zeit, sich an den Gedanken zu gewöhnen. Erklären Sie Sohn oder Tochter, daß es dabei nicht bloß um Gesundheit und Fitness, sondern auch um besseres Aussehen und witzigere Klamotten geht! Häufiges Lob während der Diät ist wichtig, kleinere Geschenke - ein neues T-Shirt, eine neue - engere! - Jeans - spornen an.

Lassen Sie Ihr Kind möglichst oft das Essen mit zubereiten. Auf die Art kriegt es ziemlich schnell ein Gefühl für Mengen und kalorienarme Zutaten. Inszenieren Sie die warmen Mahlzeiten als kleine Festveranstaltungen, und laden Sie ruhig seine Freunde mal dazu.

Ideal wäre, wenn der Rest der

HABEN SCHLANKE ELTERN SCHLANKE KINDER ?

Schön wär's. Aber Dick- oder Dünnsein ist nicht einfach nur angeboren. Obwohl die Gene schon eine gewisse Rolle spielen. Sagen wir mal so: Das Risiko von Kindern übergewichtiger Mütter und Väter, später selbst eher dick zu werden, ist eindeutig höher als das von Kindern schlanker Eltern. Aus der Zwillingsforschung weiß man, daß Geschwister, die völlig getrennt voneinander groß werden, verblüffend oft in ihrer Gewichtsentwicklung übereinstimmen. Und adoptierte Kinder entwickeln sich gewichtsmäßig stärker so wie ihre wahren Erzeuger als ihre späteren Eltern. Trotzdem: Vorbildverhalten und Erziehung sind wesentliche Faktoren. Dick werden wird meistens regelrecht gelernt.

Familie zumindest bei den warmen und kalten Mahlzeiten "mit-diätet". Denn: Sie müssen jetzt ein gutes Vorbild sein. Eigenes Naschen und Schlemmen? Verboten! Wie soll Ihr Nachwuchs sonst wohl durchhalten ...

AB WANN IST EIN KIND ZU DICK ?

Wo die Grenze liegt, läßt sich nicht so leicht festlegen wie bei uns Erwachsenen. Das Verhältnis von Körpergröße zu Körpergewicht kann bei Kindern durch individuelle Wachstumschübe ganz schön verzerrt werden. Deshalb sind Gewichtstabellen auch mit Vorsicht zu genießen. Wir drucken trotzdem eine. Sie hat einen großen Toleranzbereich - erst wenn der Ausschlag der Waage bei Ihrem Pummel deutlich davon abweicht, ist eine Diät wirklich unumgänglich:

KÖRPERGRÖSSE IN CM	TOLERANZBEREICH KÖRPERGEWICHT IN KG	
	VON	BIS
116	17	25
118	18	26
120	19	27
122	20	28
124	20	29
126	21	30
128	22	32
130	23	33
132	24	34
134	25	35
136	26	37
138	27	38
140	28	39
142	29	41
144	30	42
146	31	44
148	33	45
150	34	47
152	35	48
154	37	50
156	38	52
158	39	54
160	41	55
162	42	57
169	44	59

Zu einer Teenie-Diät muß man wissen: Sie darf niemals radikal ausfallen. Das würde den sensiblen Stoffwechsel in der Wachstumsphase stören und außerdem einen dauerhaften Erfolg mit Sicherheit verhindern. Stark übergewichtige Kinder sollten auf jeden Fall vorher zum ärztlichen Check, um krankhafte Ursachen auszuschließen. Der Arzt kann bei der Gelegenheit auch gleich entscheiden, ob eine längere Diät - konkret: mehr als zwei Wochen - mit zusätzlichen Vitamin- und Mineralstoffpräparaten unterstützt werden muß.

Wie viele Kalorien pro Tag? Elf- bis Vierzehnjährige bekommen in der Regel etwa 1800 - das Frühstück hat 400, ein schulischer Zwischen-Snack etwa 250, die warmen und kalten Hauptmahlzeiten sollten jeweils 500 Kalorien aufweisen (wobei es gleichgültig ist, ob die Kids mittags oder abends warm essen), die nachmittägliche Zwischenmahlzeit noch einmal 150 Kalorien.

Acht- bis Zehnjährige liegen, über den Tag verteilt, um 300 Kalorien drunter: 1500, aber auch auf keinen Fall weniger. Getrunken werden sollten 1, 5 bis 2 Liter, zum Beispiel Mineralwasser und Früchtetees.

Der Erfolg ist garantiert, wenn auch nicht spektakulär schnell. Gut 500 Gramm - ein Pfund - nehmen Teenies auf Basis dieser Kalorienmengen in einer Woche ab.

Die 3-Phasen-Diät

• Entschlacken
• Gesund abnehmen
• Lange schlank bleiben

Die Sonne lacht, der Strand wartet, der Bikini kneift. Wo ist das Problem? Die paar Pfunde zuviel kriegen Sie ruck, zuck runter. Und zwar dauerhaft! Denn diese Diät ist anders. Anders, weil in 3 Phasen aufgebaut – das macht sie besonders wirksam. Phase 1: Sie entschlacken 3 Tage lang mit Spargel, Reis und frischen Früchten. Giftstoffe werden ausgespült, der Weg zum Fettabbau wird frei. Phase 2: 4 Tage lang geht's den Pfunden kräftig ans Fett. Sie nehmen ab mit 3 gesunden Mahlzeiten. Phase 3: Schlank bleiben. Sie steigern sich in 3 Tagen langsam von 800 auf 1200 Kalorien. Für die Zeit danach gibt's dann die besten Tips & Tricks

Vitalstoffe satt: Rohes Obst wie Birnen und Bananen sind die Hauptlieferanten für Vitamine

1. TAG

(800 Kalorien)

Frühstück:

Obstsalat

1 Kiwi, 1 Birne, 1 kleine Banane (150 g mit Schale) schälen, kleinschneiden und mischen.

Warme Mahlzeit:

Spargel mit Lachsschinken

1,5 kg weißen oder grünen Spargel schälen, in Salzwasser 10 Minuten garen. Die Hälfte des Spargels kleinschneiden und kühlstellen. Vom Spargelwasser 1 knappe Tasse beiseite stellen, Rest trinken. 400 g Kartoffeln mit Schale garen, pellen. 275 g Kartoffeln kühl stellen. 1 TL Butter oder Margarine über den Spargel geben, Kartoffeln und 50 g Lachsschinken dazu essen. Tip: 1 Ei für die kalte Mahlzeit hart kochen.

Kalte Mahlzeit:

Spargelsalat

750 g gekochten Spargel und 125 g in Scheiben geschnittene Kartoffeln mischen. Aus Spargelwasser, Zitronensaft, Salz und Pfeffer eine Marinade rühren und darüber geben. 1 Bund Schnittlauchröllchen darüber streuen. 1 hartgekochtes Ei dazu essen.

Phase 1: Richtig entschlacken

Köstlich: Spargel mit Schinken und Kartoffeln. Asparaginsäure heißt der Stoff, der dem Spargel das typische Aroma gibt und den Körper entgiftet

Phase 1: Richtig entschlacken

Erdbeeren: Die aromatischen Früchte enthalten Power-Phosphor, das den Stoffwechsel ankurbelt

3. TAG

(800 Kalorien)

Gemischtes Obst
1/2 Ananas (750 g) und 750 g gemischtes Obst über den Tag verteilt essen. Erlaubt sind Kiwi, Papaya, Beeren, Birnen, Äpfel und eine Banane.

Tip: Bereiten Sie sich aus den Früchten einen Salat zu.

Reis satt: Die weißen Körner liefern viel Kalium. Der Mineralstoff wirkt entschlakkend und entwässernd

2. TAG

(800 Kalorien)

Reis mit Apfelkompott
250 g Reis in Wasser 20 Minuten kochen, abtropfen lassen. 3 Äpfel (375 g) schälen, in Spalte schneiden. In wenig Wasser 3 Minuten dünsten. Reis und Apfelkompott in 4-5 Portionen teilen. Über den Tag verteilt essen.

Äpfel bringen neben Vitaminen auch Pektine. Das sind Spezial-Ballaststoffe, die satt machen und Gifte neutralisieren

Frische Früchte satt: Ananas, Papaya, Kiwi & Co. stecken voller Enzyme und bringen reichlich Kalium. Dieser Mineralstoff regt die Nieren an und fördert die Entwässerung

Mango: In dieser exotischen Frucht steckt das Schlank-Vitamin Carotin

Phase 2: Schnell abnehmen

4. TAG

(800 Kalorien)

Frühstück:
Mangomüsli
1/2 Mango schälen, kleinschneiden und mit 50 g Cremequark (0,2 % Fett) und 3 EL kernigen Haferflocken mischen.

Warme Mahlzeit:
Leber mit Möhrengemüse
Je 125 g Möhren und Kartoffeln schälen, waschen, kleinschneiden und in 1/2 Tasse Brühe 10 Minuten garen. 1 Scheibe Kalbsleber (100 g) in 1 TL heißem Öl von jeder Seite 2 Minuten braten. Mit Salz und Pfeffer würzen. 1/2 Bund Petersilie hacken, über das Gemüse streuen.

Kalte Mahlzeit:
Schafskäsesalat
Je 150 g Tomaten und Zucchini putzen, waschen und in Scheiben schneiden. 50 g Lauchzwiebeln putzen waschen, kleinschneiden. Alles mit 30 g gewürfeltem Schafskäse mischen. 1 Tüte Fertigsoßenmischung für gemischten Salat und 1-2 EL Wasser verrühren, darüber geben. 1 Scheibe Vollkorntoast toasten und dazu essen. 1 Glas Orangensaft (1/8 l) dazu trinken.

Schön leicht: gedünstete Schollenfilets mit Zucchini, Erbsen und Petersilie

5. TAG

(800 Kalorien)

Frühstück:
Brot mit Ei
1 Scheibe Vollkorntoast mit 1 TL Halbfettbutter oder -margarine bestreichen. 1 gekochtes Ei pellen, in Scheiben schneiden und darauf legen. Kresse von einem 1/2 Kästchen abschneiden, drüberstreuen.

Warme Mahlzeit:
Fischpfanne
100 g Zucchini putzen, waschen, kleinschneiden. 125 g Schollenfilet abspülen, trockentupfen und in Stücke schneiden. In 1 TL heißem Öl von jeder Seite 1 Minute braten. 1/2 Tasse Brühe, 100 g tiefgefrorene Erbsen und Zucchini zufügen. 2 Minuten garen. 1/2 Bund Petersilie hacken, darüber streuen. 1 Scheibe Toastbrot dazu essen.

Kalte Mahlzeit:
Käsebrot
1 Scheibe Weizenvollkornbrot (45 g) mit 30 g Gorgonzola und einer in Spalte geschnittenen Birne (100 g) belegen.

Schnell gemacht: knackiger Salat aus Tomaten, Zucchini, Lauchzwiebeln und Schafskäse

Würzstark: Kräuter wie Basilikum, Dill, Majoran, Thymian oder Petersilie bringen noch eine Extraportion Vitamine

Phase 2: Schnell abnehmen

Lauchzwiebeln: Die grünen Scharfmacher regen den Stoffwechsel an

Raffiniert: Nudeln mit Broccoli und Hähnchenbrust

6. TAG

(800 Kalorien)

Frühstück:
Corn-flakes mit Erdbeeren
125 g Erdbeeren waschen, putzen, kleinschneiden. Mit 75 g Cremequark und 20 g Corn-flakes mischen. Eventuell mit Süßstoff abschmecken.

Warme Mahlzeit:
Champignonpfanne
50 g Maiskörner (Dose) abtropfen lassen. 200 g Champignons und 100 g Lauchzwiebeln putzen und kleinschneiden. 150 g Kartoffeln schälen, in Scheiben schneiden. Kartoffeln und Gemüse in 1 EL heißem Öl rundum braun braten. Mais unterheben. Mit Salz, Pfeffer und Knoblauchpulver würzen.

Kalte Mahlzeit:
Krabbensalat
Je 1/2 grüne und gelbe Paprikaschote (à 75 g) und 1 Apfel (150 g) putzen, waschen, kleinschneiden. Mit 100 g Krabbenfleisch mischen. Aus 1 Tüte Fertigsoßenmischung für gemischten Salat, 1 TL Weizenkeimöl und 1-2 EL Wasser eine Marinade rühren und darüber geben. 1 Scheibe Vollkorntoast toasten und dazu essen.

Köstlich: Krabbensalat mit Apfel und Paprika

7. TAG

(800 Kalorien)

Frühstück:
Radieschentoast
1 Scheibe Vollkorntoast toasten, mit 1 TL Halbfettbutter oder -margarine bestreichen. 50 g vegetabile Kräuterpastete (Reformhaus) darauf geben. 1 Bund Radieschen putzen, waschen und dazu essen.

Warme Mahlzeit:
Broccoli-Nudeln mit Hähnchenbrust
150 g Broccoli putzen, waschen, zerkleinern und in Salzwasser 5 Minuten kochen. 30 g Nudeln in kochendem Salzwasser 8 Minuten garen. Beides abgießen. 100 g Hähnchenbrustfilet in 1 TL heißem Öl von jeder Seite 5 Minuten braten. Mit Salz und Pfeffer würzen. Broccoli und Nudeln mischen, mit 1 TL Sesamsamen bestreuen. Fleisch dazu essen.

Kalte Mahlzeit:
Beefhackbrot
1 Scheibe Vollkornbrot (45 g) mit 1 TL Halbfettbutter oder -margarine bestreichen. 75 g Beefsteakhack darauf verteilen. 100 g Tomaten und 100 g Lauchzwiebeln putzen, waschen und kleinschneiden. 1 Tüte Fertigsoßenmischung für gemischten Salat und 1-2 EL Wasser verrühren, über den Salat geben.

Tip: Wer kein rohes Hack mag, nimmt 75 g Corned beef.

Rote Leichtgewichte: 2 Tomaten (100 g) bringen nur 20 Kalorien

Köstlich: gebratenes Rinderfilet mit buntem Paprikagemüse und Toast

Phase 3: Schlank bleiben

8. TAG

(1000 Kalorien)

Frühstück:
Käse-Tomaten-Brot
1 Scheibe Weizenvollkornbrot (45 g) mit 1 TL Halbfettbutter oder -margarine bestreichen. Mit 1 Scheibe Käse (30 g, 20-30% Fett) und 1 Tomate (50 g) belegen. 1/2 Bund Schnittlauch in Röllchen schneiden und darüber streuen.

Zwischenmahlzeit:
1 Glas Orangensaft (1/8 l) und 1 Scheibe Mehrkornknäckebrot.

Warme Mahlzeit:
Filetsteak mit Paprikagemüse
Je 150 g gelbe und rote Paprikaschoten putzen, waschen, kleinschneiden. In 1/2 Tasse Brühe 5 Minuten garen. 1 Rinderfiletsteak (100 g) in 1 TL heißem ÖL von jeder Seite 3 Minuten braten. Mit Salz und Pfeffer würzen. 1 Scheibe Vollkorntoast toasten, dazu essen.

Zwischenmahlzeit:
1 Kohlrabi (250 g) und 1 Apfel (125 g) putzen, schälen, kleinschneiden.

Kalte Mahlzeit:
Radieschen-Quark
150 g Cremequark mit 1 EL Crème fraîche, Salz, Pfeffer und Knoblauchpulver verrühren. 1 Bund Radieschen putzen, waschen, würfeln. Mit 1/2 Kästchen Kresse, 1/2 Bund Schnittlauchröllchen und 1/2 Paket tiefgefrorenen gemischten Kräutern unter den Quark rühren. 1 Scheibe Weizenvollkornbrot toasten und dazu essen.

Knackige Schlankmacher: 1 Bund Radieschen (80 g) bringt mal gerade 10 Kalorien

9. TAG

(1100 Kalorien)

Frühstück:
Rührei mit Knäckebrot
1 Ei mit 1 TL Wasser, Salz und Pfeffer verquirlen. In 1 TL heißem ÖL stocken lassen. 1 Bund Schnittlauchröllchen darüber streuen. 2 Scheiben Mehrkornknäckebrot dazu essen.

Zwischenmahlzeit:
1 Glas Magermilch-Kakaotrunk (200 ml) und 1 Vollkornzwieback.

Warme Mahlzeit:
Spinat-Käse-Nudeln
30 g Nudeln in kochendem Salzwasser garen, abgießen. 200 g Blattspinat putzen, waschen. Je 1 gewürfelte Zwiebel und Knoblauchzehe in 1 TL Butter oder Margarine andünsten, Spinat zugeben, zusammenfallen lassen, mit Salz und Pfeffer würzen. Nudeln, 1 TL Crème fraîche und 1 Scheibe gewürfelten Schnittkäse (30 g, 20-30 % Fett) unterheben. Alles kurz erhitzen.

Halten den Stoffwechsel in Schwung: die ätherischen Öle aus Schnittlauch

Zwischenmahlzeit:
1 Glas Magermilch-Kakaotrunk und 1 Vollkornzwieback.

Kalte Mahlzeit:
Matjes mit Apfel
1 Apfel (125 g) waschen, entkernen und in Scheiben schneiden. 1 Lauchzwiebel putzen, waschen kleinschneiden. Zusammen mit 1 Matjesfilet (80 g) auf den Apfelscheiben anrichten. 1 Scheibe Mehrkornknäckebrot dazu essen.

Matjesfilet mit Apfelscheiben und Lauchzwiebeln

Phase 3: Schlank bleiben

Eine fruchtige Kombination: gesunder Salat aus entschlackendem Sauerkraut, vitaminreichen Trauben und Schinken

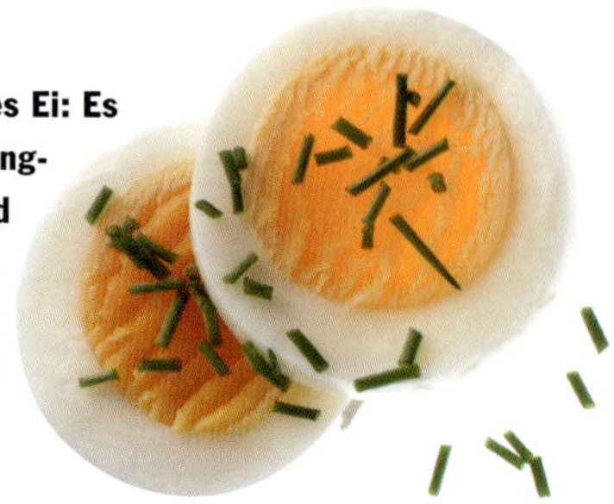

Gekochtes Ei: Es wird ganz langsam verdaut und sättigt deshalb besonders nachhaltig

10. TAG

(1200 Kalorien)

Frühstück.
Brot mit Putenbrust
1 Scheibe Weizenvollkornbrot (45 g) mit 1 TL Halbfettbutter oder -margarine bestreichen. 1 Scheibe geräucherte Putenbrust (50 g) und 1 Kiwi, geschält und in Scheiben geschnitten, darauf legen.

Zwischenmahlzeit:
Zucchini-Käse-Salat
200 g Zucchini putzen, waschen und zusammen mit 1 Scheibe Schnittkäse (30 g) in Stifte schneiden. 1 Tüte Fertigsoßenmischung für gemischten Salat mit 1-2 EL Wasser verrühren. Über den Salat geben. 1 Scheibe Vollkorntoast dazu essen.

Warme Mahlzeit:
Schnitzel mit Bohnen
250 g grüne Bohnen putzen, waschen und in 1/2 Tasse Brühe garen. 1 Schweineschnitzel (75 g) in 1 TL heißem Öl von jeder Seite 3 Minuten braten. Mit Salz und Pfeffer würzen. 1/2 Bund Petersilie hacken, über die Bohnen streuen. 1 Scheibe Vollkorntoast dazu essen.
Tip: 1 Ei für die Zwischenmahlzeit hart kochen.

Zwischenmahlzeit:
Knäckebrot mit Ei
2 Scheiben Knäckebrot mit 1 TL Halbfettbutter oder -margarine bestreichen. Mit Scheiben von 1 gekochten Ei belegen. 1 EL Schnittlauchröllchen darüber streuen.

Kalte Mahlzeit:
Sauerkraut-Rohkost
200 g Sauerkraut mit 125 g Weintrauben mischen, 50 g gekochten Schinken kleinschneiden, zufügen. 1 Tüte Fertigsoßenmischung »Joghurt« und 50 g Cremequark verrühren, über den Salat geben. 1/2 Bund Petersilie hacken und darüber streuen.

Lassen Pfunde schmelzen: Power-Enzyme aus frischen Kiwis

Und wie geht's weiter?

Abnehmen ist die eine Sache, nicht wieder zunehmen das viel größere Problem. Wenn Sie nach den 10 Tagen wieder normal essen, sollten Sie folgende Tricks beachten:

- **Fett sparen:** Neueste Untersuchungen zeigen: Figurfeind Nummer eins ist Fett! Wer schlank bleiben will, muß Fett sparen. Das bedeutet:
- Nur weiche Fette (Butter oder Margarine) nehmen, die lassen sich dünner aufs Brot streichen.
- Beschichtete Pfannen verwenden. Beim Braten braucht man so gut wie gar kein Fett oder Öl.
- Auf »versteckte« Fette in Wurst und Käse achten. Sichtbares Fett, z.B. bei Schinken den Fettrand, abschneiden, fettarme Wurst, z.B. Corned beef, oder Light-Produkte bevorzugen.
- **Viel trinken:** am besten 2 1/2 bis 3 Liter täglich – wie während der Diät (am besten Kaffee, Tee und Mineralwasser). Denn reichlich Flüssigkeit hilft beim Entschlacken.
- Und: Trinken Sie 10 Minuten vorm Essen immer ein Glas Mineralwasser. Das wirkt als natürliche Appetitbremse.
- Streikt die Verdauung: 1 Glas kaltes Wasser mit 1-2 EL Obstessig auf nüchternen Magen trinken.
- **Wenig salzen:** Kochsalz behindert beim Entschlacken. Der Grund: Bereits 8 g Salz (ca. 1 TL) bindet 1 Liter Wasser im menschlichen Körper. Besser zum Würzen: frische Kräuter!
- **Auf Alkohol möglichst verzichten:** Denn Alkohol macht gleich doppelt dick. Zum einen bringen 1 g locker 7 Kalorien, zum anderen blockiert Alkohol den Fettabbau in der Leber.
- **Süßhunger nachgeben:** Versuchen Sie die Lust auf Süßes nicht mit Äpfeln oder Möhren zu bändigen. Das bringt (meist) nichts. Besser: Süßhunger sofort nachgeben, dann kriegen Sie ihn noch mit einem Stückchen Schokolade in den Griff.
- **Bewegung tut gut:** Sie bringt den lahmen Stoffwechsel wieder auf Touren. Ob Sie joggen, Rad fahren oder schwimmen ist egal, wichtig ist nur, daß Sie täglich etwas machen. • Selbst ein kurzer Spaziergang (10 Minuten nach dem Essen) fördert die Verdauung und die Kalorien-Verbrennung.

DAS SOLLTEN SIE IM HAUSE HABEN

Kartoffeln, Vollkornnudeln, Reis, Vollkorntoast, Vollkornbrot, Weizenvollkornbrot, Mehrkornknäcke
Corn-flakes, kernige Haferflocken
Butter, Öl
Weizenkeimöl oder Sonnenblumenöl
Halbfettbutter oder -margarine
Zwiebeln, Knoblauch, Eier
Vollkornzwieback, Brühe
Fertigsoßenmischung für gemischten Salat und Joghurt (Tüte)
Zitronen, Sesamsamen, Walnußkerne
An Gewürzen:
Salz, Pfeffer, Knoblauchpulver

EINKAUFSLISTE FÜR DEN 1. BIS 4. TAG

100 g Kalbsleber
50 g Lachsschinken
1 Becher Cremequark (0,2% Fett, 500 g)
30 g Schafskäse
1,5 kg weißer oder grüner Spargel
125 g Möhren, 150 g Tomaten
150 g Zucchini, 1 Bund Lauchzwiebeln
1 Kiwi, 1 Birne
1 kleine Banane (150 g mit Schale)
375 g Äpfel
2 Babyananas (500 g) oder 1 große Ananas
1 kg gemischtes Obst (z.B. je 1 Kiwi, Papaya, Apfel, Birne, Banane und 100 g Erdbeeren)
1 kleine Mango, 2 Orangen
1 Bund Schnittlauch, 1 Bund Petersilie

EINKAUFSLISTE FÜR DEN 5. BIS 7. TAG

75 g Beefsteakhack (erst am 7. Tag frisch einkaufen)
100 g Hähnchenbrust
125 g Schollenfilet
100 g Krabbenfleisch
30 g Gorgonzola 100 g Zucchini
200 g Champignons
je 1 grüne und gelbe Paprika (à 150 g)
1 Bund Radieschen
150 g Broccoli
100 g Tomaten
1 Birne (100 g), 125 g Erdbeeren
1 Apfel, 1 Kästchen Kresse
1 Paket tiefgefrorene Erbsen (150 g)
1 Dose Mais (150 g)
1 kleine Dose vegetabile Kräuterpastete (Reformhaus)

EINKAUFLISTE FÜR DEN 8. BIS 10. TAG

100 g Rinderfiletsteak
1 Schweineschnitzel (75 g)
50 g geräucherte Putenbrust
50 g gekochter Schinken
1 Matjesfilet (80 g)
3 Scheiben Schnittkäse
1 Becher Crème fraîche (150 g)
1 Tomate (50 g)
250 g Kohlrabi
1 Bund Radieschen
je 150 g gelbe und rote Paprika
200 g Blattspinat
200 g Zucchini
250 g grüne Bohnen
3 Bund Schnittlauch
1 Bund Petersilie
2 Orangen
2 Äpfel (à 125 g)
1 Kiwi
125 g Weintrauben
200 g Sauerkraut
1 Paket TK-Kräuter (25 g)
1/2 l Magermilch-Kakaotrunk

Schlank im Kopf &

Mental auf Abnehmen programmieren? Das ist der beste Tip, den wir Ihnen geben können: Starten Sie keine Diät einfach so von heute auf morgen! Die wenigsten Menschen halten das wirklich mühelos durch. Gerade wenn Sie mehr als nur einige Pfunde abspecken wollen, sollten Sie sich vorher in aller Ruhe drauf einstellen. Malen Sie sich aus, wie schlank Sie hinterher aussehen. Wie stolz Sie auf sich sein können, die Diät ohne fremde Hilfe, ohne Pillen, ohne Akupressur-Klemmer am Ohr durchzuhalten. Der Kick im Kopf ist das Entscheidende! Für den sorgen Sie selbst! Und eines Morgens wachen Sie auf und wissen: Ab heute pack ich's!

Täglich wiegen? Bloß nicht! Am Anfang kommt man sich zwar toll vor, weil der Zeiger Strich um Strich zurückgeht (wobei wir wissen, daß das vor allem am Wasserverlust liegt), schon nach einigen Tagen aber kann das Wiegeergebnis mal stagnieren, und dann kommt unverhofft Frust auf. Mach' ich die falsche Diät? Muß ich nicht doch lieber radikaler rangehen? Viele Frauen vergessen einfach, daß ihr Körper beispielsweise während der Menstruation vermehrt Wasser einlagert - das kann gut vier Pfund plus ausmachen. Also: Einmal pro Woche morgens nach dem Aufstehen ohne Kleidung auf die Waage, das reicht. Und wenn sich bei einer Langzeitdiät zwischendrin plötzlich nichts mehr tut, bleiben Sie gelassen: Mit schrumpfendem Gewicht sinkt auch der Grundumsatz (siehe "Wo all die überflüssigen Pfunde herkommen", Seite 16), der Stoffwechsel verlangsamt sich, die Energieverbrennung kann dadurch um bis zu 50 Prozent abfallen, aber kurze Zeit später geht es dann endgültig an die letzten Fettreserven!

Aufhören zu rauchen und gleichzeitig Diät? Verlangen Sie nicht zu viel auf einmal von sich. Schluß mit den Zigaretten und nebenbei noch Abspecken - das ist nicht zu schaffen. Sie wissen ja: Mit dem Rauch wurden dem Körper größere Mengen an Nikotin zugeführt, und Nikotin entspricht in Aufbau und Wirkung dem B-Vitamin Niacin, das den Energiestoffwechsel ankurbelt und den Grundumsatz steigert. Ohne Nikotin geht letzterer zurück, man nimmt langsam zu und sucht oft auch noch eine schnelle Ersatzbefriedigung durch Süßigkeiten und Knabberzeug, auf daß die Waage weiter steigt. Also: Eines nach dem anderen - erst weg mit der Kippe, dann her mit der schlanken Linie.

Stoffwechsel stimulieren? Wir haben jetzt so viel über den Verbrennungsvorgang im Körper geredet, da können wir ruhig noch zwei Extra-Tips dranhängen. Stoffwechsel-Tip I: Würzen Sie mal kräftig mit Cayennepfeffer, Chilisoße, Tabasco oder Paprika, das schmeckt nicht nur gut, das versetzt den Körper in Wallung und regt den Stoffwechsel um bis zu 20 Prozent zusätzlich an. Höherer Kalorienverbrauch ist die Folge. Stoffwechsel-Tip II: Naschen Sie zwischendurch immer mal ein Stück Ananas, Papaya oder eine ganze Kiwi. Die Exoten enthalten kaum Kalorien, aber Enzyme, die einen lahmen Stoffwechsel auf Hochtouren bringen. Was das bewirkt? Siehe oben.

Viel trinken - auch Alkohol? Kein Alkohol. Der liefert leider Kalorien im Übermaß. Ein Glas Weiß- oder Rotwein hat 200 Kalorien, ein Glas Weizenbier ebenfalls (Export "nur" 115). Wer täglich gerade mal ein Glas über sein Kaloriensoll hinaus konsumiert, nimmt allein dadurch pro Monat ein Pfund zu. Und bei einem Glas bleibt's ja bekanntermaßen nie! Wenn dann noch hier ein Schluck Himbeergeist (50 Kalorien) und dort ein Schluck Whiskey (100 Kalorien) draufkommen, ist die beste Diät für die Katz, zumal Alkohol zusätzlich den Appetit anregt. Nicht umsonst heißt der Aperitif vorm Essen "Magenöffner"...

Weizenkleie gegen Verdauungsstörungen? Kommt gut an. Die können Sie unter Joghurt oder Suppen rühren, wenn Verstopfung angesagt ist. Denn: Auch Magen und Darm müssen sich erst einmal auf die neuen Bedingungen einer Diät einstellen. In hartnäckigen Fällen trinken sie vor dem Frühstück ein Glas Wasser mit einem Eßlöffel Obstessig (gibt's im Reformhaus). Aber normalerweise haben Sie bei den JOURNAL-Diäten kaum Probleme mit der Verdauung, weil sie genügend Ballaststoffe enthalten, die das

schlank im Schlaf

Hungergefühl nehmen und Ihre Därme hinreichend beschäftigen.

Light-Produkte unbegrenzt? Kalorienreduzierte Lebensmittel haben zwar rund 40 Prozent weniger Nährstoffe, aber beliebig viel essen kann man davon natürlich auch nicht. Hinzu kommt: "Light" ist wie "Bio" kein geschützter Begriff. Bei der normalen Ernährung können Light-Produkte sicher von Vorteil sein, weil sie die Mengenschwelle anheben, ab der man unweigerlich zunimmt.

Schlank im Schlaf? Soll tatsächlich funktionieren. Das Wundermittel heißt "Somatotropin" und ist ein Hormon, das von der Hirnanhangdrüse vermehrt so gegen 2 Uhr nachts ausgeschüttet wird. Bei Kindern steuert es ein gesundes Wachstum, bei Erwachsenen stärkt "Somatotropin" das Immunsystem, ist für diverse Reparaturarbeiten im Körper zuständig und soll angeblich sogar das Altern verzögern. Die Power dafür holt sich der tolle Stoff aus den üppigsten Energiespeichern, die wir haben - unsere Fettzellen. Mit anderen Worten: "Somatotropin" baut im Schlaf Fettpolster ab! Das ist keine Spekulation, sondern Ergebnis eingehender amerikanischer (!) Studien mit übergewichtigen Senioren, denen das Wachstumshormon 6 Monate lang injiziert wurde. Ergebnis: 15 Prozent weniger Körperfett! Bräuchten wir nun alle "Somatotropin"-Spritzen, um einen ähnlichen Effekt zu erzielen? Der Wiener Hormonspezialist Prof. Johannes Huber weiß einen einfacheren Weg zur Ankurbelung der "Somatotropin"-Aktivitäten:

Abends wenig oder fast nichts essen, tagsüber viel frisches Obst und Gemüse - die Hälfte als Rohkost - zu sich nehmen, Alkohol möglichst meiden. Kein Problem, auf all das achten wir im Zuge unser Diät ja sowieso!

Abnehmen im Restaurant? Schwierig. Eine Menge Gerichte, die in Restaurants (oder Kantinen) serviert werden, haben es in sich. Auch wenn immer mehr Küchenchefs auf leichtere Kost umsteigen: In vielen Speiselokalen werden nach wie vor Linienkiller serviert. Hier eine Übersicht der wichtigsten und beliebtesten Restaurantgerichte und ihr mittlerer Kaloriengehalt (die Angaben beziehen sich auf eine übliche Durchschnittsportion).

Wenn Sie also während einer Diät ab und zu auch im Restaurant oder in der Kantine essen, bleibt Ihnen gar nichts anderes übrig, als auf kleinste Portionen auszuweichen oder sich von vornherein mit Salaten oder Suppen zufriedenzugeben.

VORSPEISEN UND SUPPEN	
Fleischbrühe ohne Einlage	25 Kalorien
Gemischter Salat	50 Kalorien
Hühnerbrühe mit Einlage	75 Kalorien
Spargelcremesuppe	80 Kalorien
Tomatencremesuppe	110 Kalorien

HAUPTGERICHTE	
Bratkartoffeln mit Spiegelei	600 Kalorien
Chili con Carne	700 Kalorien
Ente, gebraten	650 Kalorien
Erbseneintopf	450 Kalorien
Filetsteak, gebraten	250 Kalorien
Forelle blau	250 Kalorien
Filet Stroganoff	550 Kalorien
Frikadelle (Stück)	250 Kalorien
Gulasch	550 Kalorien
Gyros	600 Kalorien
Hähnchen, gegrillt	350 Kalorien
Hühnerfrikassee	450 Kalorien
Kartoffelsalat mit Würstchen	800 Kalorien
Kohlroulade	500 Kalorien
Lammkoteletts, gebraten	650 Kalorien
Linseneintopf	700 Kalorien
Rinderroulade	500 Kalorien
Rinderschmorbraten	550 Kalorien
Seezungenröllchen	450 Kalorien
Spaghetti alla Bolognese	750 Kalorien

BEILAGEN	
Bratkartoffeln	250 Kalorien
Kartoffelklöße	200 Kalorien
Kartoffelpüree	150 Kalorien
Nudeln	150 Kalorien
Pommes frites	350 Kalorien
Reis	150 Kalorien
Salzkartoffeln	150 Kalorien
Semmelknödel	250 Kalorien

DESSERTS	
Crème Caramel	250 Kalorien
Erdbeeren mit Sahne	250 Kalorien
Eisbecher mit Sahne	500 Kalorien
Gemischtes Eis	200 Kalorien
Mousse au chocolat	450 Kalorien
Obstsalat	200 Kalorien
Schokoladenpudding	300 Kalorien
Tiramisu	400 Kalorien

Die Brot-Diät

mit der wunderbaren

Magic Soup

Von der Magic Soup essen Sie jeden Tag eine große Portion. Sie macht satt, hat aber nur 200 Kalorien

Ei-Gurken-Brot: eines von den sieben leckeren Frühstücken. Jedes hat nur 250 Kalorien

Schnell, einfach, erfolgreich *– so heißt die Zauberformel für diese Diät. Schnell: Sie brauchen nur 7 Tage, um 7 Pfund loszuwerden. Einfach: Sie kochen alle zwei Tage einen großen Topf Suppe, sonst bleibt der Herd kalt! Erfolgreich: 800 Kalorien pro Tag lassen die Pfunde rasant schmelzen.* **Hunger kommt nicht auf!** *Warum nicht? Weil Sie durch die zwei kalten Brotmahlzeiten ordentlich was »zu beißen« kriegen und die warme Portion Magic Soup ungeheuer sättigend wirkt. Und* **super-gesund** *ist die Diät, weil sie genügend Vitamine und Mineralstoffe liefert. Außerdem enthält die Magic Soup noch etwas ganz Besonderes: Mu-Err-Pilze (gibt's im Supermarkt) mit dem Wunder-Inhaltsstoff Adenosin, der vital und fit macht.*

Das Krabben-Sandwich gibt's als kalte Mahlzeit. Die haben immer 350 Kalorien

Magic Soup

Die Suppe kochen Sie jeweils für zwei Tage

15 g getrocknete Mu-Err-Pilze mit reichlich kochendem Wasser übergießen und 20 Minuten einweichen lassen. Dann abgießen und die Pilze gut säubern, evtl. kleinschneiden. 250 g Staudensellerie, 400 g Wirsingkohl und 200 g Möhren putzen, waschen und kleinschneiden. 2 Knoblauchzehen und 1 Stück Ingwerknolle schälen, beides fein hacken. Dann in 1 1/2 EL heißem Öl kurz andünsten. Gemüse, Pilze und 1 1/4 l Gemüsebrühe zufügen und die Suppe 20-30 Minuten garen. Scharf mit Tabasco oder Cayennepfeffer abschmecken. Portionsweise im Kühlschrank aufbewahren.

* Ein Magic-Soup-Rezept ohne Mu-Err-Pilze und Knoblauch finden Sie am Schluß

Auch das Käse-Tomaten-Brot steht auf dem Speiseplan. Sie essen es mittags oder abends

1. Tag

Magic Soup ist der warme Magenfüller. Sie können die Suppe mittags oder abends essen, ganz wie es Ihr Zeitplan erlaubt. Berufstätige füllen sich die Suppe mit Gemüse in eine Thermoskanne.

Mit viel Vitamin C, enthalten in der Kiwi, starten Sie in den Tag. Auf das Vollkornbrötchen kommt Käse

Frühstück:

Käse-Kiwi-Brötchen

1 Vollkornbrötchen (45 g) durchschneiden, mit 1 TL Halbfettbutter oder -margarine bestreichen und mit 1 Scheibe Schnittkäse (30 g) belegen. 1 Kiwi schälen, in Scheiben schneiden, darauf legen. Mit der oberen Brötchenhälfte abdecken.

Unser Tip:

Sind Sie ein Frühstücksmuffel und kriegen morgens nur mit Mühe etwas herunter? Dann sollten Sie einfach nur die Kiwifrucht löffeln und das Brötchen für eine spätere Zwischenmahlzeit aufheben.

2. Tag

Magic Soup kochen Sie jeden zweiten Tag. Pro Tag löffeln Sie einen 3/4 Liter Suppe. Diese Portion müssen Sie nicht auf einmal essen, Sie können sie auch teilen – je nach Appetit.

Schön frisch beginnt der Morgen: Auf Vollkorntoast gibt's Cremequark und Marmelade. Dazu Honigmelone

Frühstück:

Marmeladen-Toast

2 Scheiben Vollkorntoast toasten, mit 1 1/2 EL Cremequark bestreichen. Auf eine Scheibe 1 TL Marmelade und auf die andere 150 g Honigmelonenspalten geben.

Unser Tip:

Alle Frühstücke haben die gleiche Kalorienzahl, nämlich 250. Wenn Ihnen also eins von den sieben partout nicht schmeckt, ersetzen Sie es durch ein anderes, das Sie lieber mögen.

Einkaufsliste für den 1. bis 4. Tag

1 Vollkornbrötchen (45 g)
50 g Lachsschinken
50 g Corned beef
1 Scheibe Schnittkäse (30 g, 20-30 % Fett)
1 Becher Cremequark (250 g, 0,2 % Fett)
40 g Schafskäse
500 g Staudensellerie
800 g Wirsingkohl
475 g Möhren
1 Stück Ingwerknolle
1 Kiwi
1 Kopf Salat
1 kleine Honigmelone (300 g)
100 g Tomaten
1 Bund Lauchzwiebeln (250 g)
1 Salatgurke (500 g)
1 Bund Schnittlauch
1 rote Paprikaschote (150 g)
1 Apfel (100 g)

Kalte Mahlzeit:

Schinken-Sandwich

2 Scheiben Vollkornbrot (à 45 g) mit 1 EL Halbfettbutter oder -margarine bestreichen. Eine Scheibe mit 1-2 Salatblättern und 50 g Lachsschinken belegen. Mit der zweiten Scheibe abdecken. 150 g Honigmelone in Spalte schneiden und dazu essen.

Eine handfeste kalte Mahlzeit aus Vollkornbrot, Salat, Lachsschinken und Honigmelone

Unser Tip:

Wenn Sie keine Honigmelone kriegen: Äpfel tun es auch. 100 g Honigmelone haben 54, die gleiche Menge Apfel 55 Kalorien. Korrigieren Sie die Einkaufsliste dann entsprechend.

Kalte Mahlzeit:

Schafskäse-Tomaten-Sandwich

2 Scheiben Vollkornbrot (à 45 g) mit 1 TL Halbfettbutter oder -margarine bestreichen. Eine Scheibe erst mit 2 Salatblättern belegen. 2 Tomaten (100 g) und 50 g Lauchzwiebeln kleinschneiden 40 g Schafskäse würfeln. Brot damit belegen. Mit der zweiten Brotscheibe abdecken.

Unser Tip:

Trinken Sie reichlich! Am besten jeden Tag 2 bis 2 1/2 Liter Mineralwasser. Auch gut: Früchte- oder Kräutertees (z. B. entwässernder Brennesseltee). Viel Flüssigkeit (natürlich nur kalorienfrei!) hilft beim Abnehmen.

Fleischlos: Salat, Tomaten, Lauchzwiebeln und Schafskäse auf Vollkornbrot

3. Tag

Magic Soup müssen Sie heute wieder für den 3. und 4. Diättag kochen. Kein Problem, da Sie alle Zutaten ja schon am 1. Diättag mit eingekauft haben. Wenn Sie Staudensellerie nicht mögen, nehmen Sie rote Paprika.

Knackiger Start: Gurke, Paprika, Ei und Schnittlauch auf Vollkornbrot

4. Tag

Frühstück:

Corned-beef-Toast

2 Scheiben Vollkorntoast toasten, mit 1 TL Halbfettbutter oder -margarine bestreichen. 1 Scheibe Toast mit 2 Scheiben Corned beef (50 g) belegen. 250 g Gurke in Scheiben schneiden, darauf geben. Mit der zweiten Brotscheibe abdecken.

Unser Tip:

Mögen Sie Salatgurke? Dann essen Sie davon, wann immer ein kleines Hungergefühl außer der Reihe nagt: Ein Kilo vom schlanken grünen Gemüse bringt es sage und schreibe auf nur 70 Kalorien!

Magic Soup kommt aus dem Englischen, wird »Mädschik suup« ausgesprochen und bedeutet auf deutsch »Wundersuppe«. Und sie wirkt in der Diät wirklich »wunder«bar, weil sie kein Hungergefühl aufkommen läßt.

Zwischen knusprige Vollkorntoastscheiben kommen Halbfettbutter, Corned beef und reichlich Salatgurke

Frühstück:
Ei-Gurken-Brot

1 Scheibe Vollkornbrot (45 g) mit 1 TL Halbfettbutter oder -margarine bestreichen. 2 Eier kochen (ein Ei für den 4. Tag kühl stellen). Anderes Ei pellen, in Scheiben schneiden und mit 250 g Gurkenscheiben auf dem Brot verteilen. 1/2 rote Paprika putzen, würfeln. 1/2 Bund Schnittlauch in Röllchen schneiden und beides auf das Brot streuen.

Unser Tip:
Wenn Sie gern pikant essen, können Sie das Halbfett ab und zu durch eine fertige Joghurt-Salatcreme ersetzen: 1 EL (25 g) davon liefert 70 Kalorien, 25 g Halbfett bringen 95 Kalorien.

Unser Tip:
Soll das Sandwich mit an den Arbeitsplatz, Gemüse in eine Plastikdose füllen, Soße im Glas transportieren und erst vor Ort das Brot belegen.

Super für Vegetarier: Gemüse satt liegt zwischen 2 Vollkornbrotscheiben

Kalte Mahlzeit:
Rohkost-Sandwich

2 Scheiben Vollkornbrot (à 45 g) mit 1 EL Halbfettbutter oder -margarine bestreichen. 50 g Cremequark mit 1 TL Fertigsoßenmischung für Joghurtsoße (Tüte) verrühren. 75 g Möhre, 50 g Lauchzwiebel und 75 g rote Paprika putzen, kleinschneiden und mit dem Quark auf einem Brot verteilen. Mit der zweiten Brotscheibe abdecken.

Schnell zubereitet ist das Vollkornbrot mit Halbfett, Salatblättern und 1 hartgekochtem Ei. Dazu 1 Apfel

Infos zur Diät

- So setzen sich die 800 Kalorien täglich zusammen: Frühstück 250, kalte Mahlzeit 350 und Magic Soup 200 Kalorien.
- Ob Sie die warme Mahlzeit mittags oder abends essen, ist egal. Für Berufstätige ist der Abend sinnvoller.
- Mögen Sie eine Mahlzeit überhaupt nicht, ersetzen Sie sie durch eine andere aus der gleichen Kategorie.
- Trinken Sie morgens nüchtern ein Glas Wasser mit einem Eßlöffel Obstessig. Das bringt den Stoffwechsel und die Verdauung in Schwung.
- Nehmen Sie sich während der Diät möglichst viel vor (Sauna, Schwimmen, Kino, Konzert) – Aktivität lenkt die Gedanken vom Essen ab.

Kalte Mahlzeit:
Ei-Sandwich

2 Scheiben Vollkornbrot (à 45 g) mit 1 TL Halbfettbutter oder -margarine bestreichen. Mit 2 Salatblättern belegen. Gekochtes Ei vom Vortag in Spalte, 1/2 Bund Schnittlauch in Röllchen schneiden. Beides auf dem Brot verteilen. 1 kleinen Apfel dazu essen.

Unser Tip:
Wählen Sie beim Salat, was Ihnen am besten schmeckt: Eisberg, Frisée, Römer- oder Kopfsalat – jeder ist erlaubt. Kalorienmäßig sind Salate alles Leichtgewichte!

5. Tag

Magic Soup kochen Sie jetzt für die restlichen drei Diättage. Erhöhen Sie die Gemüsebrühe auf 2 l, und fügen Sie Gemüse und Mu-Err-Pilze zu (Rezept Seite 63).

Für Süßmäuler genau das richtige zum Frühstück: Rosinenbrötchen mit Bananenscheiben belegt

6. Tag

Magic Soup enthält, wie gesagt, auch schwarze Mu-Err-Pilze. In der chinesischen Volksmedizin hat der Pilz den Ruf, »gesund und lebensverlängernd« zu sein.

Frühstück:

Käse-Paprika-Brot

1 Scheibe Vollkornbrot (45 g) mit 1 TL Halbfettbutter oder -margarine bestreichen und mit 1 Scheibe Käse (30 g) belegen. 75 g rote und 100 g gelbe Paprika putzen, würfeln und darauf verteilen.

Unser Tip:

Kaufen Sie für die Diät nur Käse, der 20 bis 30 % Fett enthält. Ihn gibt's an der Käsetheke oder im Regal bei den kalorienreduzierten Produkten. Eine Scheibe (30 g) hat ungefähr 80 Kalorien.

Kräftige Grundlage für den Tag: eine Scheibe Vollkornbrot mit Halbfett, Käse und Paprikawürfeln

Frühstück:
Rosinen-Brötchen

1 Rosinenbrötchen halbieren, mit 1 EL Halbfettbutter oder -margarine bestreichen. 1 kleine Banane (150 g mit Schale) in Scheiben schneiden, darauf legen.

Unser Tip:
Wenn Sie keine Rosinen im Brötchen mögen, nehmen Sie einfach ein Milchbrötchen. Übrigens: Essen Sie immer langsam, so tritt ein viel besseres Sättigungsgefühl auf.

Kalte Mahlzeit:
Krabben-Sandwich

1 Baguettebrötchen (60 g) halbieren und mit 1 EL Halbfettbutter oder -margarine bestreichen. Untere Hälfte mit 2 Salatblättern belegen. 100 g Lauchzwiebeln putzen und in Ringe schneiden. 1 Bund Dill hacken. Beides mit 100 g Krabbenfleisch mischen. Auf dem Salat verteilen und mit der oberen Brötchenhälfte abdecken.

Unser Tip:
Krabben sind nicht jedermanns Sache. Feiner Ersatz ist Lachsschinken. Um auf die gleiche Kalorienzahl zu kommen, können Sie 50 g davon verputzen!

Edel-Snack: Auf dem knusprigen Baguettebrötchen liegen Salat, Krabben, Lauchzwiebeln und Dill

Einkaufsliste für den 5. bis 7. Tag

- 1 Rosinenbrötchen
- 1 Baguettebrötchen (60 g)
- 75 g geräucherte Putenbrust
- 1 Scheibe gekochter Schinken (40 g)
- 100 g Krabbenfleisch
- 80 g Schnittkäse (20-30 % Fett)
- 500 g Staudensellerie
- 800 g Wirsingkohl
- 400 g Möhren
- 1 kleine Banane (150 g mit Schale)
- 1 Bund Dill
- 1 gelbe Paprikaschote (100 g)
- 1 Kiwi
- 1 Orange
- 1 Tomate (50 g)
- 1 Bund Radieschen

Vitamine satt durch Kiwi und Orange zum Sandwich

Kalte Mahlzeit:
Putenbrust-Sandwich

2 Scheiben Vollkornbrot (à 30 g) mit 1 EL Halbfettbutter oder -margarine bestreichen. Mit 2 Salatblättern und 75 g geräucherter Putenbrust belegen. 1 Kiwi und 1 Orange schälen, kleinschneiden und darauf verteilen.

Unser Tip:
Wenn Sie mal der Heißhunger auf Süßes überfällt, geben Sie nur maßvoll nach: 1 Riegel Schokolade hat schon 120 Kalorien. Besser: ab und an süße »Light«-Produkte naschen.

7. Tag

Magic Soup löffeln Sie zum letztenmal. Ein Tip für später: Trinken Sie vor großen Mahlzeiten 1 Tasse Gemüsebrühe. Dann essen Sie vom Hauptgericht weniger.

Herzhaftes am Morgen: Zwischen Vollkorntoast stapeln sich Tomaten und gekochter Schinken

Frühstück:

Schinken-Toast

2 Scheiben Vollkorntoast toasten und mit 1 TL Halbfettbutter oder -margarine bestreichen. 1 Tomate in Scheiben und 1 Scheibe gekochten Schinken (40 g) auf eine Toastscheibe legen. Mit der zweiten Toastscheibe abdecken.

Unser Tip:

Schmeckt Ihnen zum Frühstück Süßes besser, essen Sie einfach noch einmal den Marmeladen-Toast vom 2. Tag. Statt Obst dürfen Sie noch einen 2. TL Konfitüre nehmen.

Das sollten Sie im Haus haben:

Vollkornbrot, Vollkorntoast, Öl, Halbfettbutter oder -margarine, Eier, getrocknete schwarze Mu-Err-Pilze (gibt es als 25-g-Packungen bei asiatischen Produkten), Knoblauch, Gemüsebrühe (Würfel oder Instant), Fertigsoßenmischung für Joghurtsoße (Tüte), Marmelade, Tabassco oder Cayennepfeffer, reichlich Mineralwasser, Kräuter- und Früchtetees, kalorienreduzierte Getränke

Ein knakkiger Imbiß aus Vollkorntoast, Käse, Radieschen und Lauchzwiebeln

Kalte Mahlzeit:

Käse-Radieschen-Sandwich

2 Scheiben Vollkorntoast toasten, mit 1 EL Halbfettbutter oder -margarine bestreichen. 50 g Lauchzwiebeln und 1 Bund Radieschen putzen und in Scheiben schneiden. 1 Toast mit 2 Salatblättern, dem Gemüse und 50 g Schnittkäse belegen. Mit der zweiten Toastscheibe abdecken.

Magic Soup
Alternativ-Rezept

Ob morgens, mittags, abends oder zwischendurch – die Wundersuppe ist der absolute Renner der Diät. Sie können soviel und sooft davon essen, wie Sie wollen. Hier ein Alternativ- Rezept – es reicht je nach Appetit für zwei bis drei Tage: 1 Kohlkopf (500g), Weißkohl oder Wirsing, 2 Paprikaschoten, 250 g Staudensellerie, 250 g Möhren und 150 g Zwiebeln putzen, waschen und kleinschneiden. Mit Wasser bedeckt 45 Minuten kochen lassen. 1 Tüte Zwiebelsuppe (Instant) einrühren und noch mal 10 Minuten kochen. Mit Sojasoße abschmecken. Wichtig: die Suppe im Kühlschrank aufbewahren und immer portionsweise aufwärmen! P.S.: Die Zutaten für dieses Alternativ-Rezept sind bei den Einkaufslisten natürlich nicht enthalten.

Diät - oder viel

Keine Frage: Diese Frage stellt sich so eigentlich gar nicht. Diätmachen oder Fasten, das sind zwei völlig verschiedene Angelegenheiten. Natürlich verschwinden beim Fasten jede Menge Pfunde, aber dieser Effekt ist nur eine, wenn auch hochwillkommene Begleiterscheinung - ursächlich geht es darum, "den 'inneren Arzt' in uns zu aktivieren, der Überflüssiges und Belastendes abbaut", wie der Enkel des Fasten-Erfinders Dr. Andreas Buchinger in einem JOURNAL-Interview erklärt. Den vollen Wortlaut finden Sie im Kasten rechts.

Nix zu beißen und dabei fit wie ein Turnschuh - immer mehr Menschen schwören inzwischen auf die "Königs-Methode" der Naturmedizin, weil sie die Sinne schärfe und absolute Klarheit im Kopf erzeuge. Was das konkret heißt? Das heißt konkret tage- bzw. wochenlanger Entzug fester Nahrung, und Skeptiker warnen darum auch vehement vor solch radikalem Eingriff in den Stoffwechsel.

Die Anhänger der "ganzheitlichen Umstimmung" sehen vor allem die positiven Folgen: Spätestens drei Tage nach Fastenbeginn, sagen sie, hat der Körper sein "Betriebssystem" komplett umgestellt und nährt sich aus seinen vorhandenen Energiespeichern. Die Verdauungsorgane - und damit auch der Hunger! - gehen in Urlaub, der Körper konzentriert sich voll auf die gründliche Entsorgung von Giftstoffen und Ablagerungen und produziert zugleich vermehrt das Glückshormon Endorphin. Ergebnis: Der gesamte Organismus erholt sich von Grund auf, allerlei Beschwerden (von Asthma bis Gelenkverschleiß) klingen ab - und das Endorphin beschert dem Fastenden obendrein noch Euphorie und wahre Glücksgefühle!

Gewichtsverlust von mehreren Kilos sind bei einer solchen Kur nichts Besonderes. Aber wie gesagt, ums Abspecken gehe es ihnen, behaupten die Fasten-Fans, nur so nebenbei. Entscheidend sei die Loslösung vom Alltagsstreß, die Rückbesinnung auf die körperlichen Selbstheilungskräfte und: Man werde durchs "Entschlacken" wieder springlebendig und berste vor Energie!

Nun kann einem jeder Medizinstudent im ersten Semester sagen, daß es im menschlichen Körper überhaupt keine "Schlacken" gibt. Aber in diesem Punkt darf man die Fasten-Anhänger nicht wörtlich nehmen. Sie meinen es - siehe Buchinger-Interview - nur im übertragenen Sinne. Auch der österreichische Fasten-Papst F. X. Mayr wird kaum an E 605 gedacht haben, als er von "Giften im Darm, die den Menschen krank, vorzeitig alt und häßlich machen", sprach. Immerhin: Die ungesunden Ablagerungen hätte man gewiß nicht zu beklagen, wenn man genügend

eicht lieber fasten?

Ballaststoffe mitessen würde. Sie sind fester Bestandteil der einzelnen Mahlzeiten bei jeder Diät in diesem Buch ...

DARF MAN ÜBERHAUPT ZU HAUSE FASTEN?

Und wenn ja: wie lange? Fachleute empfehlen durch die Bank, für mindestens 14 Tage in eine entsprechende Klinik zu gehen. Nach der Buchinger-Methode kann man in Bad Pyrmont, am Bodensee und im spanischen Marbella fasten. Der Fahrplan ist überall der gleiche: Nach einem einleitenden Entlastungstag wird feste Nahrung komplett gestrichen. Die 200 bis 300 Kalorien pro Tag bekommen Sie nur noch flüssig - morgens als Kräutertee mit etwas Milchzucker (für die Darmflora), mittags als Gemüsebrühe, nachmittags als Tee mit einem Teelöffel Honig, abends als 1/4 Liter Obstsaft oder eventuell in Form eines Glases Brottrunk. Wichtig: Säfte und Brühe werden ganz langsam zu sich genommen, praktisch regelrecht "gekaut".

Alle zwei Tage ist der Darm dran - Einlauf. Leberwickel, Entspannungs- und Atemübungen und eine Bewegungstherapie unterstützen die Heilwirkung. Die Patienten lernen während des Fastens und in den anschließenden Aufbautagen, wie sie sich später gesund und vor allem vollwertig ernähren können.

Beim Mayr-Fasten bekommt man neben Tee und Milch zumindest noch alte Brötchen serviert. Jeder Bissen soll mindestens 35mal gekaut werden, bis sich der Brei verflüssigt hat. Bundeskanzler Kohl schwört seit vielen Jahren auf diese Methode ...

Und wenn man unbedingt zu Hause fasten will? Womöglich noch bei der Arbeit? Klare Antwort: Nicht länger als eine Woche! Nicht ohne ärztliche Aufsicht! Nicht ohne genaue Einhaltung eines Fastenplans à la Buchinger (siehe oben). Nicht ohne 3 Liter Wasser oder Tee pro Tag! Nicht ohne regelmäßige Darmreinigung! Nicht ohne ein Bewegungstraining, damit der Körper wirklich nur Fett und keine Muskeln abbaut!

Und noch ein kleiner Hinweis am Rande: Wer fastet und seinem Stoffwechsel solch radikale Umstellung zumutet, sollte auch an seine mitmenschliche Umgebung denken - man bekommt nämlich oft Mundgeruch, den man unter Umständen selbst gar nicht bemerkt. Grund: "schlackige" Abbauprodukte werden auch über den Atem ausgeschieden. Zum Glück helfen Pfefferminzpastillen, Zitronensaft oder fein zerkaute Kräuter dagegen, ohne den Fastenerfolg zu beeinträchtigen.

Was am 1. Tag nach dem Fasten geschieht? Sie essen einen Apfel. Mit Schale. Mit Kerngehäuse. Vor allem mit Andacht ...

KLINIK-CHEF DR. ANDREAS BUCHINGER ÜBER FASTENKUREN:

WANN IST FASTEN SINNVOLL?

Grundsätzlich zur Vorbeugung, um Risiken abzubauen. Darüber hinaus gibt es eine ganze Reihe von Krankheiten, die durch Fasten sehr positiv beeinflußt werden können.

WAS PASSIERT BEIM FASTEN?

Fasten aktiviert den »inneren Arzt« in uns, der Überflüssiges und Belastendes abbaut. Ganz allgemein wird die körperliche und geistige Belastbarkeit gestärkt.

WERDEN DURCH FASTEN INNERE ORGANE, Z. B. DAS HERZ, GESCHWÄCHT?

Nein. Fasten – besonders in Verbindung mit Bewegung – entlastet den Kreislauf und begünstigt sogar die Herzleistung.

DER BEGRIFF »ENTSCHLACKUNG« IST MEDIZINISCH UMSTRITTEN

Schlacken gibt es nur im Hochofen. Beim Fasten werden verschiedene Gifte abgebaut, die durch die bakterielle Zersetzung unverdauter Nahrung – vor allem von Fleisch – entstehen. Diese Substanzen werden einfach auch »Schlacken« genannt.

SCHLAPPHEIT WÄHREND DES FASTENS – EIN SCHLECHTES ZEICHEN?

Im Gegenteil! Das bedeutet, daß sich der Körper gut entspannt hat, um sich auf sich selbst zu konzentrieren.

VERLANGSAMT SICH DER STOFFWECHSEL BEIM FASTEN?

Ja. Ein sehr vorsichtiger Diätaufbau nach dem Fasten ist sehr wichtig. Es dauert 3 bis 4 Wochen, bis der Stoffwechsel wieder normal funktioniert.

WIE OFT UND WIE LANGE SOLLTE GEFASTET WERDEN?

Mindestens 14 Tage in einer Fastenklinik. Zu Hause unter ärztlicher Aufsicht nicht mehr als 7 Tage. Eine Fastenkur pro Jahr wäre sinnvoll – ich selbst faste jedes Jahr 10 Tage.

GANZ EINFACH

DIE POW

NEU: MIT DEM SUPER-SCHLANK-SALAT

SUPER-SCHLANK-SALAT ALS FRÜHSTÜCK

1/2 Kiwi, 175 g frische Ananas, 1/2 Mango (175 g) schälen und kleinschneiden. 1/2 Becher Magermilchjoghurt mit Zitronensaft und Süßstoff abschmecken, über die Früchte geben.
▼

Das Erfolgsgeheimnis dieser 7-Tage-Diät heißt Super-Schlank-Salat. In ihm stecken nämlich **SPEZIAL-NÄHRSTOFFE** *(Enzyme & Aminosäuren), die vom Körper in den Sattmacher-Botenstoff »Enteostatyn« umgewandelt werden. Die Folge:* **KEIN HUNGER!** *Doch damit nicht genug. Die Spezial-Nährstoffe wirken gleichzeitig noch als Bio-Beschleuniger, bringen also körpereigene Fette schneller zum Schmelzen. Das Ergebnis: Sie nehmen ab.* **PRO TAG EIN PFUND!** *Und so funktioniert die Diät: Eine Woche lang kriegen Sie täglich drei gesunde Mahlzeiten*

ER-DIÄT die wirklich satt macht

(800 Kalorien). Den **SUPER-SCHLANK-SALAT** *gibt's morgens zum Frühstück als süße Version (200 Kalorien) und mit einem pikanten Plus (Schinken, Käse oder Krabben) mittags oder abends als kalte Mahlzeit (300 Kalorien). Außerdem bekommen Sie als warme Mahlzeit täglich einmal* **KARTOFFELN SATT** *(300 Kal.).*

SUPER-SCHLANK-SALAT ALS KALTE MAHLZEIT

Das Grundrezept:
1/2 Kiwi, 175 g frische Ananas, 1/2 Mango (175 g) schälen, kleinschneiden. 50 g Eisbergsalat oder einen anderen Blattsalat putzen, waschen, kleinschneiden. Früchte mit Salat und 25 g gemischten Sprossen mischen. Die weiteren – jeweils wechselnden – Zutaten finden Sie bei den einzelnen Tagen!

1. TAG

FRÜHSTÜCK: Super-Schlank-Salat mit Joghurt

WARME MAHLZEIT:

Kartoffel-Hack-Pfanne

300 g Kartoffeln mit Schale garen. Abgießen. Hälfte für den 3. Tag kalt stellen. Restliche Kartoffeln pellen. 1/2 rote Paprika (75 g) und 50 g Lauchzwiebeln putzen, kleinschneiden. 75 g Beefsteakhack in 1 EL Öl anbraten, Kartoffeln, Paprika und Lauchzwiebeln zugeben, mitbraten. Mit Salz, Pfeffer und Paprikapulver würzen.

TIP Ist Ihnen der Frühstückssalat zuviel – Portion halbieren, restliche Früchte zwischendurch essen!

KALTE MAHLZEIT:

Super-Schlank-Salat plus Käse

1 Portion Salat (Rezept Seite 75) mit 30 g gewürfeltem Schnittkäse (20-30 % Fett) mischen. 1 Tüte Fertigsoßenmischung für gemischten Salat und 2 EL Wasser verrühren, darüber geben.

2. TAG

FRÜHSTÜCK: Super-Schlank-Salat mit Joghurt

WARME MAHLZEIT

Kartoffel-Käse-Gemüse

150 g Kartoffeln, 100 g Möhren und 125 g Kohlrabi schälen und kleinschneiden. In 1 TL Butter oder Margarine andünsten, 1/2 Tasse Gemüsebrühe angießen und 10 Minuten garen. 1/2 Bund Petersilie hacken, darüber streuen. 30 g Schnittkäse (20-30 % Fett) reiben, zum Gemüse geben.

TIP Berufstätige nehmen am besten die kalte Mahlzeit mit an den Arbeitsplatz und kochen abends warm!

KALTE MAHLZEIT:

Super-Schlank-Salat plus Putenbrust

1 Portion Salat (Rezept S. 75) mit 50 g geräucherter Putenbrust anrichten. 1 1/2 EL Cremequark und 1 Tüte Fertigsoßenmischung »Joghurt« verrühren. Darüber geben.

3. TAG

FRÜHSTÜCK: Super-Schlank-Salat mit Joghurt

WARME MAHLZEIT:

Kartoffel-Omelette

150 g gegarte Kartoffeln (vom 1. Tag) pellen und in Scheiben schneiden. 50 g Lauchzwiebeln putzen, waschen und kleinschneiden. 1 Ei mit 1 EL Wasser, Salz, Pfeffer und 1/2 Bund Schnittlauchröllchen verquirlen. Kartoffeln und Lauchzwiebeln in 1 EL Öl anbraten, das Ei darüber geben. Deckel auflegen und bei schwacher Hitze stocken lassen.

TIP **Zweimal täglich aus der Puste kommen! Denn: Bewegung strafft die Muskeln und läßt Pfunde schneller schmelzen!**

KALTE MAHLZEIT:

Super-Schlank-Salat plus Apfel

1 Portion Salat (Rezept Seite 75) mit 1 kleingeschnittenen Apfel (125 g) mischen. Aus 2 EL Cremequark (0,2% Fett) mit Zitronensaft und Süßstoff eine Soße rühren und über den Salat geben.

4. TAG

FRÜHSTÜCK: Super-Schlank-Salat mit Joghurt

TIP Sparsam salzen! Der Grund: Kochsalz verhindert den natürlichen Entwässerungsprozeß beim Abnehmen!

WARME MAHLZEIT:

Kartoffelsuppe

150 g Kartoffeln und 125 g Kohlrabi schälen, waschen. 50 g Lauchzwiebeln putzen, waschen. Gemüse kleinschneiden. In 1/4 l Gemüsebrühe 10 Minuten garen, pürieren. 1 TL Crème fraîche unterrühren. 1 Geflügelwürstchen (50 g) in Scheiben schneiden, in die Suppe geben. 1/2 Bund gehackte Petersilie darüber streuen.

KALTE MAHLZEIT:

Super-Schlank-Salat plus Krabben

1 Portion Salat (Rezept Seite 75) mit 75 g Krabbenfleisch mischen. 2 EL Fertigdressing Joghurtsoße (leicht) darüber geben.

5. TAG

FRÜHSTÜCK: Super-Schlank-Salat mit Joghurt

WARME MAHLZEIT:

Kartoffel-Fisch-Topf

150 g Kartoffeln, 150 g Broccoli und 1 Möhre (75 g) putzen, waschen und kleinschneiden. In 1/2 Tasse Gemüsebrühe 5 Minuten garen. 100 g Seelachsfilet in Würfel schneiden, zugeben und 5 Minuten mitgaren. 1 EL Crème fraîche zufügen.

TIP **Wer Fisch nicht mag, der kocht einfach 100 g Hähnchen- oder Putenbrust mit. Garzeit: ca. 10 Minuten!**

KALTE MAHLZEIT:

Super-Schlank-Salat plus Frischkäse

1 Portion Salat (Rezept Seite 75) mit 1/2 Becher körnigem Frischkäse (100 g) mischen.

6. TAG

FRÜHSTÜCK: Super-Schlank-Salat mit Joghurt

TIP Trinken Sie reichlich: 2 1/2 Liter täglich sind Pflicht. Möglichst Mineralwasser oder Kräutertee!

WARME MAHLZEIT:

Pellkartoffel mit Quark

350 g Kartoffeln mit Schale garen. 150 g für den 7. Tag kühl stellen. 100 g Cremequark (0,2 % Fett) mit 1 EL Crème fraîche, Salz und Pfeffer verrühren. 1/2 Salatgurke waschen, grob raspeln und mit je 1/2 Bund feingehacktem Schnittlauch und Dill unter den Quark heben. Kartoffeln pellen. Quark dazu essen.

KALTE MAHLZEIT:

Super-Schlank-Salat plus Schinken

1 Portion Salat (Rezept Seite 75) mit 50 g Lachsschinken mischen. 2 EL Fertigdressing Joghurtsoße »leicht« darüber geben.

7. TAG

FRÜHSTÜCK: Super-Schlank-Salat mit Joghurt

WARME MAHLZEIT:

Kartoffel-Ratatouille

150 g gegarte Kartoffeln (vom 6. Tag) pellen und in Scheiben schneiden.
100 g Zucchini und 75 g Paprika putzen und kleinschneiden. 100 g Tomaten achteln.
1 Schweineschnitzel (75 g) in 1 EL Öl von jeder Seite 2 Minuten braten, warm stellen. Kartoffeln in die Pfanne geben und braten, Gemüse zufügen und 5 Minuten mitbraten. Mit Salz, Pfeffer, Knoblauchpulver und Kräutern der Provence würzen.

TIP Möchten Sie noch mehr Pfunde verlieren – kein Problem: Machen Sie die Diät einfach noch einmal!

KALTE MAHLZEIT:

Super-Schlank-Salat plus Edelpilzkäse

1 Portion Salat (Rezept Seite 75) mit 30 g Edelpilzkäse, z. B. Gorgonzola, mischen. 1 Tüte Fertigsoßenmischung für gemischten Salat mit 2 EL Wasser verrühren, darüber geben.

EINKAUFSLISTE FÜR DEN 1. BIS 4. TAG

75 g Beefsteakhack
1 Geflügelwürstchen (50 g)
1 Dose Krabbenfleisch (75 g Einwaage)
60 g Schnittkäse (20-30% Fett)
2 Becher Magermilchjoghurt (à 150 g)
1 Becher Cremequark (250 g, 0,2 % Fett)
1 Becher Crème fraîche (150 g)
1 Ananas (1,4 kg)
4 Kiwis
4 Mangos (à 350 g)
1 Apfel (125 g)
1 Eisbergsalat oder 1 anderer Blattsalat
1 Paket gemischte Sprossen (250 g)
1 rote Paprikaschote (150 g)
1 Bund Lauchzwiebeln (250 g)
100 g Möhren
1 Kohlrabiknolle (250 g)
je 1 Bund Petersilie und Schnittlauch

EINKAUFSLISTE FÜR DEN 5. BIS 7. TAG

1 Schweineschnitzel (75 g)
100 g Seelachsfilet
50 g Lachsschinken
1 Becher körniger Frischkäse (200 g)
30 g Gorgonzola
1 Ananas (1 kg), 3 Kiwis
3 Mangos (à 350 g)
150 g Broccoli
75 g Möhren
1 Salatgurke (250 g)
100 g Zucchini
100 g Tomaten
1 Bund Dill

DAS SOLLTEN SIE IM HAUS HABEN

Kartoffeln
Öl, Butter oder Margarine
Eier
Gemüsebrühe
Fertigsoßenmischung für gemischten Salat (Tüte)
Fertigsoßenmischung für Joghurtsoße (Tüte)
Fertigdressing Joghurt »leicht« (Flasche)
Zitronen
flüssigen Süßstoff
An Gewürzen:
Salz
Pfeffer
Paprikapulver
Knoblauchpulver
Kräuter der Provence

Kosmetik: Wie Sie beim

Im Kapitel "So kriegt Ihre Diät den richtigen Kick" s. Seite 22, haben Sie Gymnastik-Übungen kennengelernt, die den verschiedenen Body-Typen auf die Sprünge helfen. Nun geht es um Ihre Schönheit im Detail - vorwiegend kosmetisch. Denn eines ist doch klar: Gerade bei längeren Diäten kann die Haut, zumal die nicht mehr ganz so junge, Schaden nehmen. Dort, wo sie bisher Fettpölsterchen umspannte, verliert sie beim "Schrumpfen" womöglich an Elastizität und wird schlaff. Dem kann man entgegenwirken. Wie Sie Ihre Haut beim Abnehmen unterstützen, wie Sie dafür sorgen, daß sie glatt, straff und gepflegt wirkt, erfahren Sie hier. Zunächst aber eine generelle Information:

KÖRPERFETTWERT: TEST IN SEKUNDENSCHNELLE

Eigentlich dient dieser Check der Fitness-Überprüfung, er erlaubt aber auch Schlußfolgerungen zu Schönheit und Ernährung. In Sekundenschnelle messen vier Elektroden, zwei jeweils an Hand und Fuß, das Verhältnis von Muskelmasse zu Fett und Wasser in Ihrem Körper. Gemacht wird dies meistens im Rahmen von Gesundheitstests für Neueinsteiger in Fitness-Studios. Ist der Körperfettwert zu hoch - das hängt vom Geschlecht, dem Alter und der Körpergröße ab: eine Frau zwischen 30 und 40 Jahren liegt normalerweise bei 20 bis 25 Prozent - , muß man sich eindeutig mehr bewegen und fettarmer essen. Schlechte Meßwerte sind gerade bei jüngeren Frauen ein guter Frühindikator, um etwas zu ändern, bevor man ihnen eine unbefriedigende Muskel-Fett-Wasser-Balance sofort ansieht.

CELLULITE: DERMAPUNKTUR GEGEN DELLEN

Schwaches Bindegewebe und die so gefürchtete Orangenhaut vor allem an Po und Oberschenkeln können einem die schönsten Diät-Erfolge vermiesen. Dagegen gibt's bewährte Rezepturen - zum Beispiel Massageprodukte mit Wirkkomplexen aus Gingko- und Efeu-Extrakten, Braunalgen und Silizium. Oder Gele mit glättender Hydroxy-Säure und durchblutungsförderndem Colanuß-Extrakt - aber auch brandneue ärztliche High-Tech-Methoden wie die Cellulipolyse, bei der Schwachstrom über ca. 20 Zentimeter lange Nadeln zu den Fettzellen geleitet wird und diese animiert, verstärkt Ablagerungen abzubauen. Eher unkompliziert und für den Hausgebrauch: der Dermapunkturroller, dessen kleine Doppelwalzen mit exakt 3040 versilberten Nadelspitzen beim Stimulieren der Haut auf sanfte Weise den Lymphfluß und die Durchblutung anregen. Folge: Die Zellversorung funktioniert reibungslos, das Unterhautfettgewebe wird reduziert und die Haut sichtbar fester.

BODYSTYLING: MUSKELN UNTER STROM

System der Zukunft oder bloß Fitness für Faule? Die Rede ist von Bodystyling-Apparaturen, bei denen handtellergroße Kontakt-Pads mit Hilfe einer Bandage dort am Körper plaziert werden, wo man abnehmen möchte. Anschließend läßt man sich entspannt zurücksinken - und das Gerät legt für einen los: Die ausgesendeten Stromimpulse fließen tief ins Gewebe bis zu den Muskeln, lösen dort an die 90 000 Kontraktionen pro Viertelstunde aus und zaubern Speck weg, als wäre Copperfield in der Nähe! "Body Styler"-Geräte kosten über 2000 Mark, werden aber auch vermehrt in Kosmetikpraxen eingesetzt, so daß man sie dort einfach mal ausprobieren kann.

AKTIV-AMPULLEN: FÜR BUSEN UND DEKOLLETE

Schachtelhalm, Frauenmantel, Efeu - konzentrierte Pflanzenauszüge sorgen in Straffungs-Ampullen dafür, daß Busen und Dekolleté sofort glatter wirken. Der Inhalt der kleinen Kraftpakete - eine Ampulle reicht praktischerweise immer für eine Anwendung - wird auf der Haut verteilt und mit kreisenden Bewegungen, entweder per Hand oder einem Babybürstchen einmassiert.

Ihre Haut
Abnehmen schützen

VOLLBAD:
WUNDER IN DER WANNE

Das Wasser sollte 37 Grad haben, und Sie sollten nur eine Kappe Body-Forming-Zusatz hineingeben: Der Rest passiert von selbst. Während Sie entspannt vor sich hin träumen, machen seine Wirkstoffe Ihrer Mikrozirkulation Tempo und stimulieren so den Hautstoffwechsel. Was das für Wirkstoffe sind? Rosmarin-, Kiefernnadel- und Avocadaöl, Efeublütenextrakt sowie Vitamin E. Die Haut regeneriert sich sichtbar; sie wird optimal mit Feuchtigkeit versorgt, geglättet und in ihrer Spannkraft verbessert.

POWER-DRAGEES:
PEP FÜRS BINDEGEWEBE

Der Wirkstoff-Mix von Calcium, Kalium, Natrium, Zink, Kupfer, Eisen und Vitaminen steckt in einer einzigen Pflanze - der Alge. Und weil sie besonders gut über die Verdauung wirkt, gibt es die Alge auch in Form von kleinen Power-Dragees. Drei Kapseln am Tag, jeweils zu den Mahlzeiten, reichen, um den verlangsamten Stoffwechsel im Bindegewebe wieder ordentlich auf Trab zu bringen und die Haut zu festigen. Eine fabelhafte Idee für die erste Zeit nach Ende Ihrer Diät!

THERMO-MINERALMASKE:
KONTRA KNITTERFALTEN

Kosmetikerin, ich komme! Für rund 40 Mark rückt Ihnen die Schönheitsfachfrau mit einer Thermo-Mineralmaske an Busen, Hals und Dekolleté zu Leibe. Erster Schritt: Haut reinigen, Effektampulle und vitaminhaltige Creme einarbeiten. Dann wird die Thermo-Mineralmaske - Pulver, mit warmem Wasser zu einer geschmeidigen Masse verrührt - dick aufgetragen. Sie heizt die Haut durch, die Poren öffnen sich und nehmen verstärkt Pflegestoffe auf. Nach 20 Minuten ist die Maske hart und kann abgenommen werden. Effekt: Kosmetikerin, ich komme wieder !

RUBBEL-KUR:
HORNSCHICHT ADE

Sogenannte Luffaschwämme - als Handschuh oder Band - geistern schon seit vielen Jahren durch die Frauenpresse, wann immer von Diät und schlapper Haut die Rede ist. Gut so: Die Dinger haben in der Tat eine hautreinigende und gewebestärkende Wirkung, und darum dürfen sie auch hier nicht fehlen. Das Handling: Mit einem trockenen Luffa läßt sich die Hornschicht jeden Morgen mühelos von alten Schüppchen befreien, rauhe Haut wird blitzschnell wieder samtig weich.

FUSSBAD:
DER KRÄUTERMIX MACHT'S

Schwere, dicke Füße? Die schwellen im Nu ab und fühlen sich sofort viel leichter, wenn Sie ihnen für 10 Minuten ein knöcheltiefes lauwarmes Fußbad mit Kräuterzusatz gönnen. Ideal: Rosmarin, Salbei, Ringelblume oder Arnika. Alle diese Pflanzen können Sie in getrockneter Form oder als ätherisches Öl in der Apotheke bekommen.

SALZ-PEELING:
BABYWEICHE HAUT

Eine Handvoll Meersalz mit Wasser zu einem zähen Brei verrühren und damit dann drei Minuten lang Oberarme, Schenkel, Po, Bauch und Beine einmassieren: Solch Problemzonen-Peeling einmal in der Woche macht die Haut wie neugeboren. Die verschiedenen Mineralien wie Natrium, Eisen, Magnesium, Calcium und Jod entfernen nicht nur abgestorbene Hornschuppen, sie unterstützen gleichzeitig die Zellfunktionen der Haut.

MOOR- UND LAVAERDE:
PACKUNG FÜR DEN PO

Für schöne pralle Haut am Po sorgt - am besten zweimal die Woche - eine Packung aus Moor- oder Lavaerde (gibt's im Reformhaus). Die in Moor enthaltene großmolekulare Huminsäure bindet abgelagerte Giftstoffe und hilft beim Abtransport. Außerdem entsteht unter der Packung eine Art Hitzestau, der die Durchblutung fördert. Die Lavaerde gebärdet sich wie ein Schwamm, sie saugt in wenigen Minuten sowohl Wasser als auch überschüssiges Fett auf und klärt die Haut.

Die Null-Fett

RICHTIG GESUND ABNEHMEN

NUR FETT MACHT FETT! *Das ist die sensationelle Entdeckung amerikanischer Biochemiker. Sie stellten fest: Wird Fett in der Nahrung begrenzt, reguliert der menschliche Organismus das Körpergewicht selbst.* **KALORIENZÄHLEN WIRD UNNÖTIG!** *Um den Bedarf an essentiellen (lebensnotwendigen) Fettsäuren zu decken, ist nur ein Teelöffel Distelöl täglich notwendig. Und so funktioniert das neue* **7-TAGE-PROGRAMM:** *Sie starten jeden Tag mit einem üppigen Frühstück (300 Kalorien). Das sorgt für Schwung am Morgen.*

Gurken-Ei-Brot steht am 6. Tag auf dem Programm. Super: Alle Gerichte auf der Fotoleiste unten dürfen Sie zum Frühstück essen

Köstlichen Wirsingeintopf
mit Kartoffeln
gibt es am 2. Diät-Tag

-Diät

Käsebrot mit
vitaminreicher Paprika essen
Sie am 7. Diät-Tag

Mittags gibt's dann einen schnellen Snack (200 Kalorien). Abends steht ein warmes Gericht (300 Kalorien) auf dem Diät-Fahrplan. Und Sie nehmen ab: **PRO TAG EIN PFUND!** *Mindestens. Außerdem zeigen wir Ihnen täglich eine neue* **SUPER-KOCHMETHODE**, *die Fett spart und Vitamine & Co. schont. Ganz praktisch zum Schluß: die komplette* **EINKAUFSLISTE**!

1. Tag

FRÜHSTÜCK

Quarkbrötchen und Obst

1 Vollkornbrötchen halbieren, eine Hälfte mit 100 g Cremequark (0,2% Fett) bestreichen. Mit Jod-Kräutersalz würzen und mit 1/2 Bund Schnittlauch, in Röllchen geschnitten, bestreuen. 1 Scheibe Ananas (175 g) und 1 Kiwi dazu essen.

TIP: Morgens zum Frühstück ist als Muntermacher immer Kaffee oder Tee erlaubt. Über den Tag verteilt trinken Sie dann noch mindestens drei große Flaschen Mineralwasser.

Für einen guten Start am ersten Morgen: Vollkornbrötchen mit pikantem Kräuterquark
Dazu gibt's als fruchtige Vitaminbomben noch Ananas und Kiwi

2. Tag

FRÜHSTÜCK

Erdbeer-Müsli

3 EL Corn-flakes, 2 EL kernige Haferflocken und 100 g Cremequark (0,2 % Fett) mischen. 200 g Erdbeeren und 1 Apfel (100 g) putzen, waschen, kleinschneiden und unterrühren.

TIP: Alle Frühstücke haben 300 Kalorien. Sollten Sie mal eines nicht so gerne mögen – kein Problem: Suchen Sie sich einfach ein anderes aus. Das gilt übrigens auch für die kalten und warmen Gerichte. Auch sie können untereinander getauscht werden.

Beerenstarker Muntermacher: ein fruchtiges Müsli mit Quark, Apfelstücken und Erdbeeren
Wem das pur zu herb schmeckt, darf sich das Ganze mit etwas Süßstoff würzen

KALTE MAHLZEIT

Tomaten-Toast

2 Scheiben Vollkorntoast toasten und mit 1 Salatblatt belegen. 2 Tomaten (100 g) in Scheiben schneiden. 50 g gemischte Sprossen kalt abspülen und gut abtropfen lassen. 1/2 Bund Schnittlauch in feine Röllchen schneiden. Alles auf dem Brot verteilen. Mit Pfeffer würzen.

Üppig belegt: Vollkorntoast mit Salat, Tomaten und Sprossen. Tip: Die Sprossenmischung bekommen Sie fix und fertig im Reformhaus oder Gemüseladen

GANZ SCHNELL VOM GRILL: Rinderfilet, Paprikastücke und Lauchzwiebeln abwechselnd aufgespießt. VORTEIL: null Fett, viel Aroma!

WARME MAHLZEIT

Fleischspieß

30 g Reis in Salzwasser 20 Minuten kochen. 100 g Rinderfilet würfeln. 1 Lauchzwiebel (50 g) und 1/2 gelbe und rote Paprikaschote (je 75 g) kleinschneiden. Mit dem Fleisch abwechselnd auf zwei Spieße stecken. Unter dem Grill 10 bis 15 Minuten garen, zwischendurch einmal wenden. Mit Paprikapulver und Salz würzen. Reis abgießen, 1 TL Distelöl und 1/2 Paket tiefgefrorene Kräutermischung unterheben.

Tip: Wer keinen Grill hat, kann das Fleisch auch in einer beschichteten Pfanne ohne Öl braten.

KALTE MAHLZEIT

Gurkensalat und Knäcke

1/2 Salatgurke (250 g) waschen, in Scheiben schneiden. 50 g gemischte Sprossen und 1/2 Paket tiefgefrorene Kräutermischung zufügen. Aus 1 Tüte Fertigmischung Joghurt-Soße, 50 g Cremequark (0,2 % Fett) und 1 TL Distelöl eine Soße rühren. Über den Salat geben. 2 Scheiben Knäckebrot dazu essen.

Salat satt: Gurken und Sprossen mit pikanter Joghurt-Kräutersoße. Dazu gibt's Knäckebrot

SCHONEND IN BRÜHE DÜNSTEN: Wirsing und Kartoffeln. VORTEIL: kein Fett, kaum Vitaminverluste. Extra-Tip: Sesam in einer beschichteten Pfanne kurz anrösten. Schmeckt noch besser!

WARME MAHLZEIT

Wirsingeintopf

250 g Wirsing und 150 g Kartoffeln putzen, kleinschneiden und waschen. 1/2 Ecke kalorienreduzierten Schmelzkäse (31 g) in 1 Tasse heißer Gemüsebrühe auflösen. Gemüse zufügen und 15-20 Minuten garen. 1 EL Sesamsamen darüber streuen.

3. Tag

FRÜHSTÜCK

Brot mit Ei und Grapefruit

1 Scheibe Vollkornbrot mit 1 Salatblatt belegen. 50 g gemischte Sprossen, 1/2 Kästchen Kresse und 1 TL Distelöl darüber verteilen. 1 gekochtes Ei und 1/2 Grapefruit dazu essen.

TIP: Berufstätige kochen am besten abends warm und nehmen die kalte Mahlzeit mit. Für den Salat die Soße seperat einpacken und kurz vor dem Essen drübergießen.

Das macht fit für den ganzen Tag: Vollkornbrot mit Salat und Sprossen. Dazu gibt's ein Ei und Grapefruit. Wer's lieber mag, schneidet das Ei in Scheiben und legt sie auf's Brot

4. Tag

FRÜHSTÜCK

Toast mit Ananas und Wurst

2 Scheiben Vollkorntoast toasten. Eine Scheibe mit 1 Salatblatt und 50 g geräuchterter Putenbrust belegen. 1/2 Kästchen Kresse abschneiden, darüber streuen. Die zweite Scheibe mit 50 g Cremequark (0,2% Fett) und 1 Scheibe Ananas (175 g) belegen.

TIP: 1 Glas kaltes Wasser mit 2 EL Obstessig bringt die Verdauung wieder in Schwung. Am besten morgens auf nüchternen Magen trinken.

Herzhaftes und Fruchtiges am frühen Morgen: Vollkorntoast, einmal mit knackigem Salat und Putenbrust-Aufschnitt, einmal mit cremigem Quark und frischen Ananasstücken

KALTE MAHLZEIT

Paprika-Salat mit Toast

Je 75 g rote und gelbe Paprika, 100 g Lauchzwiebeln, 50 g Eisbergsalat putzen, kleinschneiden, waschen. Mit 50 g gemischten Sprossen mischen. 1 Tüte Fertigsoßenmischung gemischter Salat mit 1-2 TL Wasser verrühren, darüber gießen. 1 Scheibe Vollkorntoast toasten und dazu essen.

IM BRATBEUTEL GAREN: Schollenfilets, Zucchini, Tomaten und Kartoffeln. VORTEIL: null Fett, toller Geschmack!

Knackiger Snack: bunter Salat mit Paprika, Eisberg und Lauchzwiebeln. Tip: Statt Paprika können Sie auch 150 g Kohlrabi oder Möhren nehmen

WARME MAHLZEIT

Gemüsefisch

150 g Kartoffeln schälen, waschen, vierteln und 15 Minuten garen. 150 g Schollenfilet mit Zitronensaft, Salz und Pfeffer würzen. 200 g Zucchini waschen, kleinschneiden. 100 g Tomaten in Scheiben schneiden. Gemüse und Kartoffeln in einen Bratbeutel füllen, Fisch darauf legen. 4 EL Gemüsebrühe und 1 TL Tomatenmark mit Salz, Pfeffer und Knoblauchpulver verrühren, angießen. Im Backofen (E-Herd: 180 Grad; Gasherd: Stufe 2) 15-20 Minuten garen.

KALTE MAHLZEIT

Rohkost-Brot

1 Scheibe Vollkornbrot (45 g) mit 1 Salatblatt belegen. 75 g Möhren und 1 kleinen Apfel (100 g) putzen, waschen, grob raspeln. Mit 1 TL Distelöl mischen und auf dem Brot verteilen.

SANFT DÄMPFEN: Kohlrabi und Möhren werden vitaminschonend im Wasserdampf gegart. VORTEIL: kein Fett! Zum Gemüse gibt's hartgekochte Eier

Vitamine zum Sattessen: Vollkornbrot, dick mit Möhren-Apfel-Rohkost belegt. Würztip: etwas Zitronensaft und eine Prise Pfeffer

WARME MAHLZEIT

Buntes Gemüse mit Eiern

2 Eier 8 Minuten kochen, pellen. 250 g Kohlrabi, 125 g Möhren und 100 g Lauchzwiebeln putzen, waschen, kleinschneiden. Im Dämpfeinsatz 10 Minuten garen. Mit Jod-Salz würzen. Eier halbieren, dazu essen. 1/2 Bund Petersilie hacken und darüber streuen. Tip: Wer keinen Dämpfeinsatz hat, dünstet das Gemüse in 2 EL Brühe.

5. Tag

FRÜHSTÜCK

Käsebrötchen und Joghurt

1 Vollkornbrötchen halbieren, mit 1 Salatblatt und 1 Scheibe Schnittkäse (20-30 % Fett, 30 g) belegen. 1 Becher Magerjoghurt (150 g) mit 100 g geputzten, kleingeschnittenen Erdbeeren mischen.

TIP: Gehen Sie mal wieder ins Kino oder Theater, zum Tanzen oder Schwimmen. Alles, was vom Essen ablenkt, macht das Diäten viel leichter.

So werden selbst Morgenmuffel munter: Vollkornbrötchen mit Salat und Käse belegt. Haben Sie morgens weniger Appetit, können Sie den Erdbeer-Joghurt auch später essen

6. Tag

FRÜHSTÜCK

Obst-Müsli

3 EL Corn-flakes, 2 EL kernige Haferflocken mit 100 g Cremequark mischen. 125 g Weintrauben und 1 Birne (125 g) putzen, waschen, kleinschneiden und zufügen.

TIP: Für den Aufbau der Körperzellen braucht der Mensch täglich etwa fünf Gramm hochungesättigte Fettsäuren. Diese lebenswichtigen Bio-Stoffe stecken hauptsächlich in Pflanzenöl. Bereits mit einem Teelöffel Distelöl ist der Tagesbedarf eines Erwachsenen so gut wie gedeckt. Wichtig: Weil die Fettsäuren hitzeempfindlich sind, steht in den Rezepten, daß man das Öl immer erst ganz zum Schluß zufügen soll – unabhängig von der jeweiligen Zubereitungsmethode.

Für Süßschnäbel genau das richtige: ein fruchtiges Müsli mit Corn-flakes, Haferflocken, Birne, Weintrauben und reichlich Cremequark

KALTE MAHLZEIT

Fruchtsalat

1 Kiwi, 1 Scheibe Ananas (175 g), 100 g Erdbeeren und 1 Birne (125 g) putzen, kleinschneiden. Früchte mischen, mit 1 TL Zitronensaft und etwas Süßstoff abschmecken.

Früchte zum Vernaschen: Kiwi, Ananas, Erdbeeren und Birne, mit Zitronensaft und Süßstoff abgeschmeckt

IN EINER BESCHICHTETEN PFANNE BRATEN: Hähnchenbrust mit Champignons. VORTEIL: Fett wie z. B. Öl wird total überflüssig!

WARME MAHLZEIT

Hähnchenbrust mit Pilzen

30 g Wildreismischung 20 Minuten in Salzwasser garen. 100 g Hähnchenbrust mit 1 TL Zitronensaft, Salz und Pfeffer würzen. 50 g Lauchzwiebeln putzen, waschen und kleinschneiden. 200 g Champignons putzen und halbieren. Fleisch in einer beschichteten Pfanne von jeder Seite 2 Minuten braten. Zwiebeln, Pilze und 6 EL Gemüsebrühe zufügen. Alles 5 Minuten garen. 1 TL Distelöl unter den Reis mischen. Tip: Für den 6. Tag ein Ei kochen.

KALTE MAHLZEIT

Ei-Gurken-Brot

1/2 Salatgurke (250 g) waschen, in Scheiben schneiden. Auf 1 Scheibe Vollkornbrot (45 g) verteilen, 1 gekochtes Ei in Scheiben schneiden, darauf legen. Mit 1/2 Bund Schnittlauch, in Röllchen geschnitten, bestreuen

Schnell gemacht: Vollkornbrot, dick mit Gurken- und Eischeiben belegt. Darüber kommen noch Schnittlauchröllchen

IN ALUFOLIE GAREN: Forelle, Fenchel und Kartoffeln schmoren im eigenen Saft. VORTEIL: kaum Fett, intensives Aroma! Tip: Wer keinen Fenchel mag – die gleiche Menge Kohlrabi nehmen

WARME MAHLZEIT

Forelle mit Fenchel

125 g Kartoffeln 15 Minuten kochen, pellen, in Scheiben schneiden. 1 Forelle (200 g) waschen, mit 1-2 TL Zitronensaft, Salz und Pfeffer würzen. 250 g Fenchel, waschen, kleinschneiden. Mit Fisch und Kartoffeln auf ein großes Stück Alufolie legen. 6 EL Gemüsebrühe zufügen. Alufolie verschließen. Im Backofen (E-Herd: 200 Grad; Gas: Stufe 3) ca. 20 Minuten garen. 1 TL Distelöl drüberträufeln.

7. Tag

FRÜHSTÜCK

Schinkenbrot und Obst

1 Scheibe Vollkornbrot (45 g) mit 1 Salatblatt und 50 g Lachsschinken belegen. 1 kleine Banane (150 g mit Schale) und 1 Kiwi dazu essen.

Start frei für den letzten Tag: Sie kriegen Vollkornbrot mit Lachsschinken. Die Banane und die Kiwi können Sie vorweg, hinterher oder auch später als Snack essen

TIP: Wer hätte das gedacht – heute beginnen Sie schon den letzten Diät-Tag. Lief doch prima, oder? Und wenn Sie noch mehr Pfunde verlieren wollen, kein Problem: Machen Sie die Diät einfach noch einmal von vorne!

Vitaminreich: Vollkornbrot mit Käse. Die Paprika deckt locker den Tagesbedarf an Vitamin C

KALTE MAHLZEIT

Käsebrot mit Paprika

1 Scheibe Vollkorntoast toasten, mit 1 Eisbergsalatblatt und 1 Scheibe Schnittkäse (20-30 % Fett, 30 g) belegen. 1 rote Paprikaschote (150 g) waschen, kleinschneiden, dazu essen.

WARME MAHLZEIT

Broccoli-Käse-Nudeln

40 g Nudeln ca. 10 Minuten in Salzwasser kochen, abgießen. 250 g Broccoli und 125 g Möhren putzen, waschen, kleinschneiden. In 1/8 l Gemüsebrühe 10 Minuten garen. Nudeln und 1 TL Distelöl zufügen. 1 EL geriebenen Käse darüber streuen.

IN GEMÜSEBRÜHE DÜNSTEN: Broccoli und Möhren. Gekochte Nudeln werden untergehoben. VORTEIL: kaum Fett, wenig Kalorien. Deshalb ist noch Platz für geriebenen Käse (bringt Kalzium)

DAS SOLLTEN SIE IM HAUS HABEN

Distelöl, Vollkorntoast
Knäckebrot
Vollkornbrot
Voll- oder Parboiled-Reis
Wildreismischung
Kartoffeln
Nudeln
Corn-flakes
kernige Haferflocken
Eier
Gemüsebrühe (Würfel oder Instant)
Fertigsoßenmischung Joghurt und gemischter Salat (Tüte)
Zitronen oder Zitronensaft
Tomatenmark, Sesam
geriebener Parmesankäse
flüssigen Süßstoff
Jod-Kräutersalz
Salz
Paprikapulver
Pfeffer
Knoblauchpulver

DAS BRAUCHEN SIE FÜR DEN 1. BIS 4. TAG

1 Vollkornbrötchen
1 Becher Cremequark (500 g, 0,2 % Fett)
1 Scheibe Käse (30 g, 20-30 % Fett)
100 g Rinderfilet
50 g geräucherten Putenbrust-Aufschnitt
150 g Schollenfilet
1 kleine Ananas (500 g)
1 Kiwi
200 g Erdbeeren
2 Äpfel (à 100 g)
1 Grapefruit
1 kleinen Kopf Eisbergsalat
200 g Tomaten
1 Becher gemischte Sprossen (250 g, Reformhaus oder Gemüseladen)
1 Bund Lauchzwiebeln
je 1 rote und gelbe Paprikaschote (à 150 g)
1 Gurke (500 g)
250 g Spitzkohl
200 g Zucchini
200 g Möhren
250 g Kohlrabi
1 Bund Schnittlauch
1 Kästchen Kresse
1 Bund Petersilie
1 Paket tiefgefrorene Kräutermischung (25 g)

DAS BRAUCHEN SIE FÜR DEN 5. BIS 7. TAG

1 Vollkornbrötchen
2 Scheiben Käse (à 30 g, 20-30 % Fett)
1 Becher Magerjoghurt (150 g)
100 g Hähnchenbrustfilet
50 g Lachsschinken
1 küchenfertige Forelle (200 g)
200 g Erdbeeren
2 Kiwis
2 Birnen (à 125 g)
125 g blaue Weintrauben
1 kleine Banane (150 g mit Schale)
1 Bund Lauchzwiebeln
200 g Champignons
250 g Fenchel
1 rote Paprikaschote (150 g)
250 g Broccoli
125 g Möhren
1 Bund Schnittlauch

Neu: Ihr großer

Vitamine und Mineralstoffe gehören zu einer vernünftigen, gesunden Ernährung wie Sonne zum glücklichen Familienurlaub. Aber auch für ein optimales Schlankheitsprogramm sind sie unverzichtbar: Ohne diese lebenswichtigen Substanzen ginge es uns schon nach wenigen Tagen ziemlich mies - das Problem vieler Radikal-Diäten, die ohne Rücksicht auf Verluste Pfunde runter-crashen. Bei der Diät, die auf der nächsten Seite beginnt, stehen die Vitamine und Mineralstoffe sogar im Mittelpunkt. Gute Gelegenheit, mal zu überprüfen, was sie können, wo sie drinstecken und wieviel man davon braucht.

Daß Vitamine und Mineralstoffe unser Immunsystem stärken, hat sich allmählich herumgesprochen. Daß sie praktisch alle wichtigen Funktionen im Körper mit beeinflussen, ist noch längst nicht jedem klar. Vier Vitamine - A, E, D und K - sind fettlöslich, d. h. sie können im Körper gespeichert werden. Die anderen sind wasserlöslich, werden also ausgeschieden. Über die Nahrung zu uns nehmen müssen wie sie trotzdem alle!

Die Mengenangaben der nachfolgenden Auflistungen basieren auf Empfehlungen der Deutschen Gesellschaft für Ernährung. Lassen Sie sich nicht durch vermeintliche Ungereimtheiten irritieren: Bei manchen Vitaminen oder Mineralstoffen decken bereits kleinste Mengen eines Lebensmittels ein Vielfaches des Tagesbedarfs, bei anderen reicht eine normale Portion nicht aus, die empfohlene Dosis zu erreichen. Die Lösung: Durch einen abwechslungsreichen Speiseplan gleicht sich ein Zuviel oder Zuwenig über Tage immer wieder aus - auch bei unseren sieben Diäten .

So wichtig Vitamine sind, so empfindlich sind sie auch. Sie halten sich nicht sonderlich gut in der Nahrung, werden durch Hitze zerstört (das gilt übrigens nicht für die Mineralstoffe). Die Vitaminträger Obst und Gemüse funktionieren am besten knackfrisch und roh. Lediglich Kartoffeln und grüne Bohnen bilden eine Ausnahme - die werden erst durchs Kochen verdaulich. Und noch ein Hinweis: Das Beta-Carotin in Möhren kann unser Körper nur dann so richtig umsetzen, wenn sie entweder fein püriert oder mit ein bißchen Fett gedünstet sind.

Und was ist von Vitaminpräparaten zu halten? Vitamine aus natürlichen Lebensmitteln werden vom menschlichen Organismus besser aufgenommen, denn sie sind weniger konzentriert und stehen im optimalen Verhältnis zu anderen Vitalstoffen. Manche Menschen nehmen bei Diäten extra Vitaminpillen, weil sie sich in der Zeit körperlich besonders beansprucht fühlen. Das brauchen Sie bei der JOURNAL-Diät ab der übernächsten Seite garantiert nicht.

Vitamin-Check-up

Vitamine

Die hier verwendeten Abkürzungen bedeuten: m = Männer, w = Frauen; mg = Milligramm(tausendstel Gramm); nur bei Vitamin D und K sind die Bedarfsmengen in Mikrogramm (millionstel Gramm) angegeben.

Vitamin B_1

ENTHALTEN IN:
Erbsen – 200 g decken den Tagesbedarf zu 45 %

TAGESBEDARF:
m: 1,3 - 1,6 mg; w: 1,1 - 1,3 mg

WIRKUNG:
wichtig für den Energiestoffwechsel von Muskel- und Nervenzellen

ANDERE QUELLEN:
Schweinefleisch, Vollkornprodukte, Linsen, Haselnüsse

Vitamin B_{12}

ENTHALTEN IN:
Camembert – 70 g decken den Tagesbedarf zu 33 %

TAGESBEDARF:
m/w: 0,003 mg

WIRKUNG:
wichtig für die Blutbildung, Wachstum und Nerven

ANDERE QUELLEN:
Hase, Kaninchen, Hering, Forelle, Quark, Joghurt, Milch

Vitamin A

ENTHALTEN IN:
Leber oder Butter und anderen tierischen Lebensmitteln.

TAGESBEDARF:
m/w: 0,8 - 1,1 mg

WIRKUNG:
wichtig für Augen, Haut und Schleimhautfunktion
Vorsicht vor Überdosierungen!

ANDERE QUELLEN:
Kommt als Provitamin-Beta-Carotin - in Obst und Gemüse vor.

Vitamin B_2

ENTHALTEN IN:
Milch – 0,2 l decken den Tagesbedarf zu 20 %

TAGESBEDARF:
m: 1,7 - 1,8 mg; w: 1,5 - 1,7 mg

WIRKUNG:
wichtig für Energiestoffwechsel, stärkt die Abwehrkraft

ANDERE QUELLEN:
Quark, Buttermilch, Camembert, Makrele, Seelachs

Biotin

ENTHALTEN IN:
Erdnüssen – 50 g decken den Tagesbedarf zu 50 %

TAGESBEDARF:
m/w: 0,03 - 0,1 mg

WIRKUNG:
wichtig für gesundes Wachstum, für Haut, Haare und Fingernägel

ANDERE QUELLEN:
Haferflocken, Grüne Bohnen, Sojabohnen, Leber, Milch

Beta-Carotin

ENTHALTEN IN:
Möhren – 100 g (gekocht) decken den Tagesbedarf zu 380 %

TAGESBEDARF:
m: 6,0 - 6,6 mg; w: 4,8 - 5,4 mg

WIRKUNG:
Zellschutz (Antioxidans); wird nur nach Bedarf vom Körper in Vitamin A umgewandelt – wichtig für Augen, Haut, Immunsystem

ANDERE QUELLEN:
Mango, Spinat, Fenchel, Grünkohl

Vitamin B_6

ENTHALTEN IN:
Bananen – 1 Stück (150 g) deckt den Tagesbedarf zu 30 %

TAGESBEDARF:
m: 1,8 - 2,1 mg; w: 1,6 - 1,8 mg

WIRKUNG:
wichtig für Eiweißstoffwechsel und Nervensystem

ANDERE QUELLEN:
Lachs, Hering, Schweinefleisch, Avocado, Naturreis

Vitamin C

ENTHALTEN IN:
Paprika – 200 g (roh) decken den Tagesbedarf zu 370 %

TAGESBEDARF:
m/w: 75 mg

WIRKUNG:
stärkt das Immunsystem, wichtig für Bindegewebe und Knochen

ANDERE QUELLEN:
Zitrusfrüchte, schwarze Johannisbeeren, Broccoli, Kiwi, Petersilie

Vitamine

Vitamin D

ENTHALTEN IN:
Hering – 100 g decken den Tagesbedarf zu 620 %
TAGESBEDARF:
m/w: 5 Mikrogramm
WIRKUNG:
zusammen mit Kalzium wichtig für gesunde Knochen und Zähne
ANDERE QUELLEN:
Lachs, Aal, Ei, Avocado, Milch, Butter, Gouda

Folsäure

ENTHALTEN IN:
Tomaten – 150 g (roh) decken den Tagesbedarf zu 45 %
TAGESBEDARF:
m/w: 0,15 mg
WIRKUNG:
Schutzvitamin für Schwangere; wichtig für die Zellneubildung
ANDERE QUELLEN:
Blumenkohl, Weißkohl, Wirsing, Fenchel, Spargel, Broccoli

Vitamin E

ENTHALTEN IN:
Mandeln – 15 g (10 Stück) decken den Tagesbedarf zu 30 %
TAGESBEDARF:
m/w: 12 mg
WIRKUNG:
schützt die Zellmembranen, stärkt die Abwehrkräfte
ANDERE QUELLEN:
Weizenkeimöl, Distelöl, Fenchel, Schwarzwurzeln, Erbsen

Niacin

ENTHALTEN IN:
Kaffee – 2 Tassen decken den Tagesbedarf zu 50 %
TAGESBEDARF:
m: 18 - 20 mg; w: 15 - 16 mg
WIRKUNG:
wichtig für die Energiegewinnung, für Herz, Nerven und Haut
ANDERE QUELLEN:
Erbsen, fettarmes Rind- und Schweinefleisch, Sardinen, Brathuhn

Vitamin K

ENTHALTEN IN:
Sauerkraut – 100 g decken den Tagesbedarf zu 2370 %
TAGESBEDARF:
m/w: 65 - 80 mg
WIRKUNG:
Lebenswichtig für die Blutgerinnung
ANDERE QUELLEN:
Hühnerherz und -leber, Rosenkohl und Spinat

Pantothensäure

ENTHALTEN IN:
Wassermelone – 150 g decken den Tagesbedarf zu 40 %
TAGESBEDARF:
m/w: 6 mg
WIRKUNG:
wichtig für die Energiegewinnung, für Haut und Haare
ANDERE QUELLEN:
Leber, Steinpilze, Champignons, Hühnerei, Reis

Mineralstoffe

Eisen

ENTHALTEN IN:
Roggenvollkornbrot – 300 g decken den Tagesbedarf zu 33 %
TAGESBEDARF:
m: 10 mg; w: 15 mg
WIRKUNG:
notwendig für Sauerstofftransport im Blut, Energiestoffwechsel
ANDERE QUELLEN:
Fleisch, Geflügel, Spinat, Kohl – Vitamin C verbessert die Aufnahme

Magnesium

ENTHALTEN IN:
Spinat – 200 g decken den Tagesbedarf zu 33 %
TAGESBEDARF:
m/w: 300 - 350 mg
WIRKUNG:
Stoffwechselaktivator, Streßschutz, wichtig für Muskeln und Nerven
ANDERE QUELLEN:
Weizenvollkornbrot, Naturreis, Erbsen, Bananen, Kartoffeln

Jod

ENTHALTEN IN:
Scholle – 100 g decken den Tagesbedarf zu 95 %
TAGESBEDARF:
m/w: 0,2 mg
WIRKUNG:
wichtig für Schilddrüsenfunktion und Energieumsatz
ANDERE QUELLEN:
Seelachs, Kabeljau, Rotbarsch, Makrele, Jodsalz

Selen

ENTHALTEN IN:
Naturreis – 100 g decken den Tagesbedarf zu 40 %
TAGESBEDARF:
m/w: 0,1 mg
WIRKUNG:
stärkt das Immunsystem, unterstützt die Wirkung von Vitamin E
ANDERE QUELLEN:
Vollkornprodukte (abhängig vom Selen-gehalt der Böden), Fisch, Fleisch

Kalzium

ENTHALTEN IN:
Emmentaler – 70 g decken den Tagesbedarf zu 80 %
TAGESBEDARF:
m/w: 800 - 1000 mg
WIRKUNG:
wichtig für Knochen und Zähne, Muskel- und Nervenstoffwechsel
ANDERE QUELLEN:
Buttermilch, Joghurt, Dickmilch, Kefir, grüne Gemüse, Sesam

Zink

ENTHALTEN IN:
Linsen – 80 g (getrocknet) decken den Tagesbedarfs von 25 %
TAGESBEDARF:
m/w: 15 mg
WIRKUNG:
wichtig für gesunde Haut, Immunsystem und Eiweißstoffwechsel
ANDERE QUELLEN:
Leber, Vollkornbrot, Fisch, Schalentiere, Grünkohl

Die Vitamin

Alle 3 Stunden essen • 5x täglich Vitamine sa

Das gab's noch nie – eine Diät mit Langzeit-Effekt! Ihr Geheimnis heißt »Essen im Drei-Stunden-Takt«! Neue wissenschaftliche Untersuchungen haben gezeigt: Wer viele kleine Mahlzeiten ißt, bleibt auf Dauer schlank. Und so funktioniert die neue Ernährungsformel: Zehn Tage lang essen Sie täglich fünf vitaminreiche Mahlzeiten (insgesamt 1000 Kalorien),

Kleiner Gemüse-Snack am Nachmittag: bunte Paprikaschoten

Kaum zu glaub
Das dürfen Sie alles
einem Tag ess

alle drei Stunden eine. Der Effekt: Sie haben nie Hunger. Dabei ist wichtig, daß Sie vorgegebene Zeiten einhalten • zwischen 7-8 Uhr Frühstück • zwischen 10-11 Uhr Vormittags-Snack • zwischen13-14 Uhr Mittagessen • 16-17 Uhr Nachmittags-Snack • 19-20 Uhr Abendessen. Und: Starten Sie die Diät freitags, und hören Sie zehn Tage später sonntags auf. Das ist vor allem für Berufstätige praktisch.

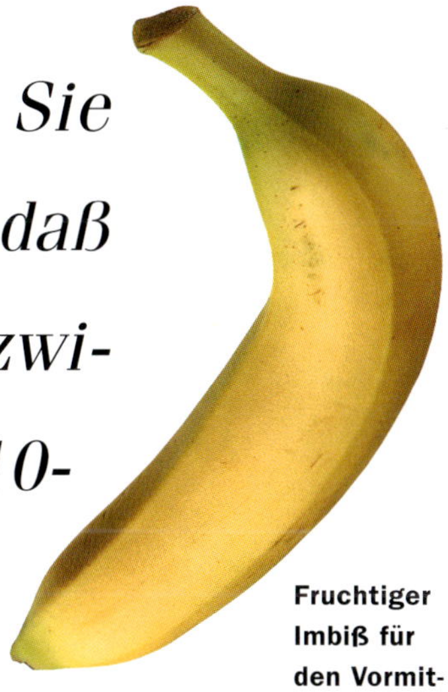

Fruchtiger Imbiß für den Vormittag: süße Bananen

1. Tag

Vitamin C: Das macht fit und entgiftet den Körper!

Das gibt es heute: Joghurt mit Früchten zum Frühstück und mittags einen bunten Salat mit gekochtem Schinken. Als Abendessen kriegen Sie eine pikante Hackpfanne mit Gemüse. Paprikaschoten, Trauben und Himbeeren bringen das Power-Vitamin C

Zwischen 7-8 Uhr: Frühstück

Apfel-Himbeer-Joghurt

1 Becher Magerjoghurt
1 TL Crème fraîche
125 g Himbeeren
1 Apfel (100 g)

Joghurt mit Crème fraîche verrühren. Himbeeren und kleingeschnittenen Apfel darauf geben.

Zwischen 13-14 Uhr: Mittagessen

Bunter Schinkensalat

50 g Eisbergsalat
1/2 Salatgurke (250 g)
1/2 Bund Radieschen
1 gelbe Paprikaschote
100 g Tomaten, 60 g gekochter Schinken, 2 EL Crème-fraîche-Dressing

Gemüse putzen, waschen und kleinschneiden. Schinken würfeln. Alles mischen. Salatsoße darüber verteilen.

Zwischen 19-20 Uhr: Abendessen

Hackpfanne

1 Zwiebel (50 g)
1 rote Paprikaschote
50 g Mais (Dose)
100 g Beefsteakhack
1 TL Öl, Salz, Pfeffer
Paprikapulver
1 EL Tomatenketchup
2-3 EL Wasser

Gemüse putzen, waschen und kleinschneiden. Mais abtropfen lassen. Hack im heißen Öl einige Minuten anbraten, Gemüse zufügen und kurz mitbraten. Würzen. Ketchup mit Wasser verrühren, darüber geben. 5 Minuten garen.

Einkaufszettel für den 1. bis 5. Tag

100 g Beefsteakhack
60 g gekochter Schinken
50 g geräucherte Hähnchenbrust, 100 g Krabbenfleisch
100 g Rotbarschfilet (beides frisch einkaufen), 1 Becher Magerjoghurt (150 g), 1 Becher Crème fraîche (125 g)
500 g Cremequark, 50 g Schafskäse, 1 Becher Dickmilch mit Früchten (175 g)
1 Paket kalorienreduzierte Schmelzkäsescheiben
200 g Hüttenkäse, 4 Äpfel (à 100 g), 1 Eisbergsalat
1 Salatgurke (500g), 1 Bund Radieschen, 3 gelbe Paprikaschoten (à 150 g), 3 rote und 2 grüne Paprikaschoten (à 150 g), 100 g Tomaten
je 150 g grüne und blaue Weintrauben, 1 frische Ananas, 125 g Himbeeren
1 Kopf Friséesalat, 300 g Zucchini, 2 Bananen (à 150 g mit Schale), 50 g Feldsalat, 200 g Kirschtomaten
1 Paket gemischte Kräutersprossen (Reformhaus)
300 g Champignons, 1 Kohlrabi (250 g), 375 g Möhren
1 Bund Lauchzwiebeln
1 Staudensellerie, 100 g Zuckerschoten, 2 Birnen (à 125 g), 1 Knolle Fenchel
je 1 Bund Petersilie, Dill und Schnittlauch, 1 Paket tiefgefrorenes Farmergemüse (300 g)
1 Paket tiefgefrorene gemischte Kräuter
1 Dose Mais (150 g)

Zwischen 10-11 und 16-17 Uhr: jeweils 150 g blaue oder weiße Weintrauben

Ganz schön üppig ist der zweite Diättag: Los geht's morgens mit Knäcke und pikantem Quark. Salat satt mit Käse steht mittags auf dem Programm. Abends schlemmen Sie Gemüsepfanne. Vitamin E steckt in Öl, Margarine und im Ei

2. Tag

Vitamin E: Das baut Körperfett schneller ab!

Zwischen 7-8 Uhr:
Frühstück

Gurkenquark mit Knäcke

100 g Cremequark
1 TL Crème fraîche
Kräutersalz
Knoblauchpulver
1/2 Salatgurke
2 Scheiben Knäckebrot

Quark mit Crème fraîche und Gewürzen verrühren. Gurke schälen, raspeln und darauf geben. Brot dazu essen.

Zwischen 13-14 Uhr:
Mittagessen

Paprika-Schafskäse-Salat

50 g Friséesalat
je 1/2 rote, gelbe und grüne Paprikaschote
1 Zwiebel (50 g)
200 g Zucchini
50 g Schafskäse
1 Tüte Fertigsalatsoßenmischung für gemischten Salat
1 TL Öl
1 EL Wasser

Salat und Gemüse putzen, waschen, kleinschneiden. Käse würfeln. Alles mischen. Übrige Zutaten verrühren und darüber geben.

Zwischen 19-20 Uhr:
Abendessen

Eipfanne

1 Paket tiefgefrorenes Farmergemüse (300 g)
1 TL Margarine, 1 Ei
Salz, Pfeffer
1/2 Paket tiefgefrorene gemischte Kräuter

Gemüse in Salzwasser 5 Minuten garen. Abgießen und im heißen Fett in der Pfanne dünsten. Ei in die Mitte geben und stocken lassen. Alles würzen und mit Kräutern bestreuen.

Zwischen 10-11 und 16-17 Uhr: jeweils 200 g frische Ananas

3. Tag Serotonin: Das schafft garantiert gute Laune!

glatte Petersilie
1 Scheibe kalorienreduzierter Käse (20 g)

Hirse in Salzwasser ca. 20 Minuten garen, abgießen. Gemüse putzen, waschen, kleinschneiden. Im heißen Öl kurz dünsten. Brühe und Hirse zufügen und 5 Minuten garen. Gehackte Petersilie und in Streifen geschnittenen Käse darauf geben.

Da kommt Stimmung auf: Sie starten mit Corn-flakes in den Tag. Mittags gibt's pikanten Pilzsalat, abends eine Gemüsepfanne mit Hirse. Bananen und Dickmilch bringen das Glückshormon »Serotonin«

Zwischen 7-8 Uhr:
Frühstück

Corn-flakes mit Dickmilch

1 Becher Dickmilch mit Früchten (1,5 % Fett, 175 g), 5 EL Corn-flakes

Dickmilch mit den Corn-flakes essen.

Zwischen 13-14 Uhr:
Mittagessen

Champignonsalat

50 g Feldsalat
50 g Friséesalat
100 g Tomaten
100 g gemischte Kräutersprossen (Reformhaus)
100 g Champignons
100 g Cremequark
1 EL Crème fraîche
Zitronensaft
Salz, Pfeffer
1 TL Sonnenblumenkerne
1 Scheibe Knäckebrot

Salat und Gemüse putzen, waschen, kleinschneiden. Pilze in Scheiben schneiden. Aus Quark, Crème fraîche, Zitronensaft und Gewürzen eine Soße rühren und darüber geben. Mit Sonnenblumenkernen bestreuen, Knäcke dazu essen.

Zwischen 19-20 Uhr:
Abendessen

Hirse-Gemüse-Pfanne

40 g Hirse
1/2 Kohlrabi (125 g)
125 g Möhren
100 g Zucchini
1 TL Öl
1/2 Tasse Gemüsebrühe
1/2 Bund

Zwischen 10-11 und 16-17 Uhr: jeweils 1 Banane (ca. 150 g)

4. Tag Vitamin H: Das sorgt für neuen Schwung!

Zwischen 10-11 Uhr: 1 Apfel (ca. 200 g); zwischen 16-17 Uhr: je 1/2 rote, grüne und gelbe Paprikaschote

Zwischen 7-8 Uhr: Frühstück

Radieschenquark mit Toast

100 g Cremequark
1 TL Crème fraîche
Kräutersalz
1/2 Bund Radieschen
1 Bund Schnittlauch
1 Scheibe Vollkorntoast

Quark, Crème fraîche und Kräutersalz verrühren. Radieschen und Schnittlauch kleinschneiden, in den Quark geben. Brot dazu essen.

Zwischen 13-14 Uhr: Mittagessen

Krabbensalat

50 g Eisbergsalat
100 g Lauchzwiebeln
200 g Staudensellerie
1 Apfel (100 g)
100 g Krabbenfleisch
1/2 Bund Dill
3 EL Knoblauch-Joghurt-Dressing (Flasche)
1 Scheibe Knäckebrot

Salat und Gemüse kleinschneiden. Mit dem Krabbenfleisch und gehacktem Dill mischen. Fertigdressing darüber geben. Knäckebrot dazu essen.

Zwischen 19-20 Uhr: Abendessen

Champignonpfanne

100 g Lauchzwiebeln
200 g Champignons
1 EL Butter
100 g tiefgefrorene Erbsen
100 g Kirschtomaten, 1 EL Crème fraîche, Salz, Pfeffer
1/2 Bund Petersilie

Lauchzwiebeln und Pilze kleinschneiden. Beides im heißen Fett anbraten. Erbsen und Tomaten zugeben und ca. 5 Minuten garen. Crème fraîche und Gewürze zufügen. Mit gehackter Petersilie bestreuen.

Lecker, was heute dran ist: Radieschenquark mit Toast zum Frühstück, knackiger Salat mit Krabben als Mittagessen und abends eine Gemüsepfanne. Das Schönheits-Vitamin H steckt in Radieschen, Sellerie, Pilzen

5. Tag

Enzyme: Die lassen Pfund schneller schmelzen!

Das fängt gut an: Ananas mit Hüttenkäse zum Frühstück, Geflügelsalat mit Ananas zum Mittag und gebratenes Rotbarschfilet mit Fenchelgemüse am Abend. Die frische Ananas liefert das Enzym »Bromelin«

Zwischen 7-8 Uhr: Frühstück

Hüttenkäse mit Ananas

1/2 Becher Hüttenkäse
200 g frische Ananas

Hüttenkäse in eine Schale geben. Ananas schälen, kleinschneiden und darüber geben.

Zwischen 13-14 Uhr: Mittagessen

Hähnchen-Ananas-Salat

200 g Ananas
125 g Staudensellerie
50 g Friséesalat
50 g geräucherte Hähnchenbrust, 3 EL Knoblauch-Joghurt-Dressing (Flasche), Currypulver
1 Scheibe Vollkorntoast

Ananas schälen, kleinschneiden. Sellerie und Salat putzen, waschen und grob zerteilen. Alles mit der Hähnchenbrust auf einen Teller geben. Fertigdressing mit Curry abschmecken und über dem Salat verteilen. Toast dazu essen.

Zwischen 19-20 Uhr: Abendessen

Fisch-Fenchel-Pfanne

100 g Rotbarschfilet
1 Fenchelknolle, 1 EL Öl
1/2 Tasse Gemüsebrühe
1 TL Crème fraîche
Salz, Pfeffer
1/2 Bund Dill

Fisch würfeln. Fenchel putzen, waschen, kleinschneiden. Fisch im heißen Fett anbraten. Fenchel und Brühe zufügen und ca. 10 Minuten garen. Crème fraîche zufügen, würzen. Gehackten Dill darüber streuen.

Warum trinken so wichtig ist?

Weil der Körper beim Diäten besonders viel Flüssigkeit verliert! Trinken Sie deshalb täglich mindestens 2 1/2 Liter. Am besten Mineralwasser, Kräuter- und Früchtetee oder Kaffee (ohne Zucker).

Zwischen 10-11 Uhr: 1 Birne (150 g); zwischen 16-17 Uhr: 125 g Möhren

6. Tag

Vitamin B_1: Das stärkt die Nerven!

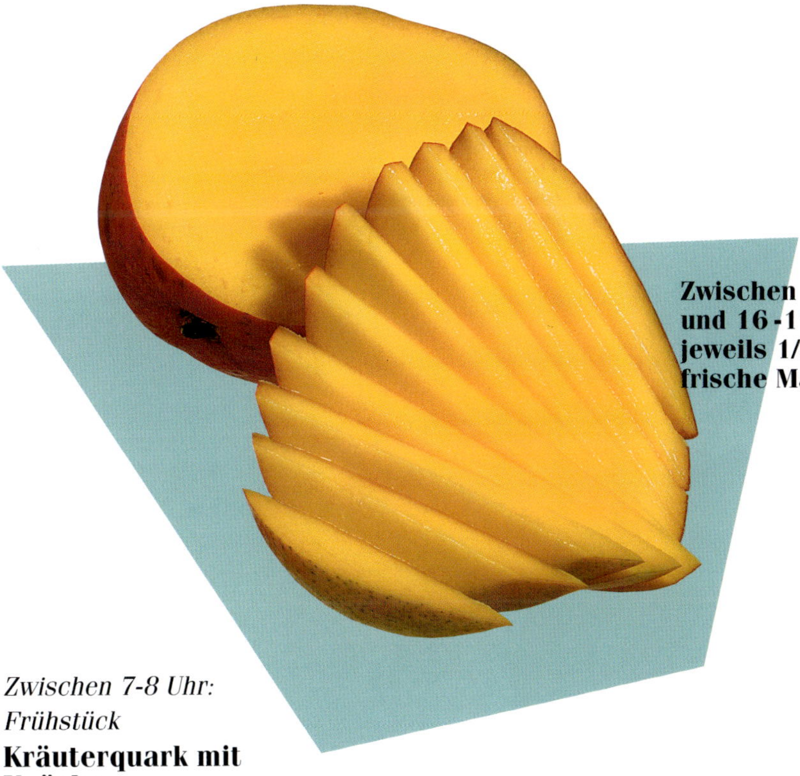

Zwischen 10-11 und 16-17 Uhr: jeweils 1/2 frische Mango

Zwischen 7-8 Uhr: Frühstück

Kräuterquark mit Knäcke

100 g Cremequark
1 EL Crème fraîche
Kräutersalz
1 Paket tiefgefrorene gemischte Kräuter
2 Scheiben Knäckebrot

Quark und Crème fraîche verrühren. Mit Salz und Kräutern würzen. Knäcke dazu essen.

Zwischen 13-14 Uhr: Mittagessen

Tomaten mit Mozzarella

250 g Tomaten
1/2 Salatgurke (250 g)
75 g Mozzarella
1 Tüte Fertigsoßenmischung für gemischten Salat, 1 TL Öl, 1-2 EL Wasser, 1/2 Bund Petersilie

Tomaten, Gurken und Mozzarella in Scheiben schneiden, mischen. Aus den übrigen Zutaten eine Soße rühren und darüber verteilen. Mit gehackter Petersilie bestreuen.

Zwischen 19-20 Uhr: Abendessen

Fleischpfanne

100 g Möhren
100 g Lauchzwiebeln
75 g Schweinefilet
1 TL Butter oder Margarine
50 g tiefgefrorene Erbsen
1/2 Tasse Gemüsebrühe
1-2 TL Sojasoße
Chinagewürz

Gemüse putzen, waschen, kleinschneiden. Fleisch im heißen Fett anbraten. Gemüse und Brühe zufügen. 5 Minuten garen, abschmecken.

Bravo: Die halbe Diät haben Sie schon geschafft. Heute starten Sie mit Knäcke und Quark zum Frühstück. Mittags gibt's Tomaten mit Mozzarella und Basilikum, abends eine Gemüsepfanne. Das Nerven-Vitamin B_1 steckt in Brot und Schweinefleisch

Einkaufszettel für den 6. bis 10. Tag

75 g Schweinefilet
50 g Lachsschinken
75 g Krabbenfleisch
1 Matjesfilet (75 g; beides frisch einkaufen), 75 g Mozzarella, 2 Becher Magermilchjoghurt (à 150 g)
1 Becher Crème fraîche (125 g), 1 Becher Kräuterjoghurt, 1 Mango (250 g)
375 g Tomaten
1 Salatgurke (500 g)
525 g Möhren, 4 Äpfel (à 100 g), 3 Kiwis, 1 Honigmelone, 250 g Broccoli
750 g Kohlrabi, 1 Bund Lauchzwiebeln, 1 Grapefruit, 400 g Spitzkohl oder Wirsing, 1 Bund glatte Petersilie, 1 Bund Dill
1 Paket tiefgefrorene Erbsen (300 g), 1 Paket tiefgefrorene gemischte Kräuter
1 Tüte tiefgefrorenes italienisches Pfannengemüse (750 g)

7. Tag
Vitamin C: Das tut immer wieder gut!

Wieder ein Super-Tag: Zum Frühstück kriegen Sie ein Müsli mit Äpfeln, mittags essen Sie Melonensalat mit Schinken, abends eine Gemüsepfanne. Kiwi, Äpfel, Sprossen und Broccoli sorgen für Vitamin C satt

Darf man Gerichte auch tauschen?

Aber klar doch! Denn ob Sie die warme bzw. kalte Mahlzeit abends oder mittags essen, ist im Prinzip egal. Hauptsache, die tägliche Kalorienbilanz stimmt. • Die Frühstücke haben alle 200 Kalorien, die Mittag- und Abendessen jeweils 300 Kalorien und die Obst- und Gemüse-Snacks für zwischendurch je 100 Kalorien.
• Wenn Sie eines der Gerichte mal nicht mögen – auch kein Problem. Suchen Sie sich dann einfach ein anderes mit der gleichen Kalorienmenge aus.

Zwischen 7-8 Uhr: Frühstück

Apfel-Müsli

1 Becher Magerjoghurt
2 EL kernige Haferflocken
1 Apfel (100 g)

Joghurt mit Haferflocken verrühren. Apfel waschen, kleinschneiden, darauf verteilen.

Zwischen 13-14 Uhr: Mittagessen

Schinken-Melonen-Salat

300 g Honigmelone
50 g Friséesalat
100 g gemischte Sprossen
50 g Lachsschinken
1 EL Crème fraîche
2 EL Zitronensaft
Salz, Pfeffer

Melone schälen, in Spalte schneiden. Salat putzen, zerkleinern. Salat und Sprossen waschen. Mit dem Schinken auf einen Teller geben. Übrige Zutaten verrühren. Über dem Salat verteilen.

Zwischen 19-20 Uhr: Abendessen

Nudel-Gemüse-Pfanne

60 g Nudeln
250 g Broccoli
1 TL Butter oder Margarine
1/2 Tasse Gemüsebrühe
1 TL Crème fraîche
1 1/2 Scheiben Schmelzkäse (30 g)

Nudeln garen, abgießen (die Hälfte für den 9. Diättag kaltstellen). Broccoli kleinschneiden. Im Fett andünsten, Brühe zufügen und 8 Minuten garen. Nudeln und Crème fraîche zufügen. In Streifen geschnittenen Käse darüber streuen.

Zwischen 10-11 Uhr: 1 Kiwi; zwischen 16-17 Uhr: 1 Apfel (ca. 200 g)

Zwischen 7-8 Uhr:
Frühstück

Paprikaquark mit Knäcke

100 g Cremequark
1 EL Crème fraîche
1 EL Tomatenketchup
1/2 rote Paprikaschote
1 Scheibe Knäckebrot

Quark mit Crème fraîche, Ketchup und Salz verrühren. Paprikaschote würfeln und zufügen. Knäcke dazu essen.

Zwischen 13-14 Uhr:
Mittagessen

Maissalat

50 g Friséesalat
1/2 Salatgurke, 1 Apfel
100 g Mais (Dose)
100 g Hüttenkäse
Salz, Pfeffer
1/2 Bund glatte Petersilie

Salat, Gurke und Apfel putzen, waschen und kleinschneiden. Mit dem Mais mischen. Hüttenkäse, Gewürze und gehackte Petersilie verrühren und darüber geben.

Zwischen 19-20 Uhr:
Abendessen

Ratatouille mit Ei

2 Eier, 150 g tiefgefrorenes ital. Pfannengemüse
1 TL Butter oder Margarine, 1/2 Tasse Gemüsebrühe, Knoblauchpulver

Eier hartkochen und abpellen (ein Ei für den 9. Diättag kalt stellen). Pfannengemüse im heißen Fett kurz andünsten, Brühe zugeben und ca. 10 Minuten garen. Würzen. Das Ei halbieren und darauf legen.

Darauf hat jede(r) Lust: zum Frühstück Paprikaquark mit Knäcke, mittags Maissalat mit Hüttenkäse, abends Gemüse mit Ei. Das Pro-Vitamin A »Beta-Karotin« steckt vor allem in Melonen

Zwischen 10-11 und 16-17 Uhr: jeweils 300 g Melone

8. Tag

Beta-Karotin: Das schützt vor Umweltgiften!

Das sollten Sie im Haus haben:

Vollkorntoast, Knäckebrot Öl, Butter oder Margarine, Eier, Nudeln, Hirse Zwiebeln, Gemüsebrühe Corn-flakes, kernige Haferflocken, Knoblauch-Joghurt-Dressing (Flasche) Crème-fraîche-Dressing (Flasche), Fertigsalatsoßenmischung für gemischten Salat (Tüte) Tomatenketchup, Paprikamark, Zitronensaft oder Zitronen, Sonnenblumenkerne, Sojasoße

An Gewürzen:
Salz, Kräutersalz Pfeffer, Paprika- und Knoblauchpulver, Curry Chinagewürz

9. Tag

Niacin: Das aktiviert den Stoffwechsel!

Wer hätte das gedacht – dieses ist schon der vorletzte Tag: Sie starten mit Cornflakes und Kiwi. Mittags schlemmen Sie Nudelsalat mit Ei, abends eine Krabbenpfanne. Das Fitness-Vitamin »Niacin« steckt in Krabben und im Ei

Zwischen 10-11 Uhr: 1 Kohlrabi (250 g); zwischen 16-17 Uhr: 150 g Möhren

Zwischen 7-8 Uhr: Frühstück

Corn-flakes mit Kiwi

5 EL Corn-flakes
1 Becher Magerjoghurt (150 g), 1 TL Crème fraîche, 1 Kiwi

Corn-flakes, Joghurt und Crème fraîche mischen. Kiwi schälen, würfeln, zufügen.

Zwischen 13-14 Uhr: Mittagessen

Nudelsalat mit Ei

50 g Lauchzwiebeln
1/2 rote Paprikaschote
60 g gegarte Nudeln (vom 7. Tag)
1/2 Paket tiefgefrorene gemischte Kräuter
2 EL Crème-fraîche-Fertigdressing (Flasche)
1 gekochtes Ei

Gemüse putzen, waschen, kleinschneiden. Mit den Nudeln und Kräutern mischen. Fertigdressing darüber geben. Ei achteln und darauf legen.

Zwischen 19-20 Uhr: Abendessen

Krabbenpfanne

1 Kohlrabi (250 g)
1 EL Butter
150 g tiefgefrorene Erbsen
1/2 Tasse Gemüsebrühe
75 g Krabbenfleisch
Salz, Pfeffer

Kohlrabi putzen, waschen, kleinschneiden. Im heißen Fett kurz andünsten. Erbsen, Brühe und Krabben zufügen und 2 Minuten garen. Würzen.

Warum Bewegung so wichtig ist

Weil der menschliche Körper hinter jeder Diät eine Hungersnot vermutet und den Stoffwechsel runterfährt, um Kalorien einzusparen. Richtige Ernährung (viele Vitamine) und Bewegung sind die besten Maßnahmen, den Stoffwechsel wieder auf Hochtouren zu bringen. Welche Trimmart (Radfahren, Schwimmen, Joggen, Treppensteigen) Sie bevorzugen ist unwichtig, Hauptsache, Sie kommen täglich einmal kräftig aus der Puste.

10. Tag

Riboflavin: Das macht richtig aktiv!

Mal ehrlich: Hätten Sie gedacht, daß Sie die Diät so problemlos durchhalten? Am letzten Tag kriegen Sie morgens Kräuterquark mit Knäkke, mittags pikanten Matjessalat mit Tomaten und zum Abendessen eine Gemüsepfanne. Das Muntermacher-Vitamin »Riboflavin« kommt in Joghurt und Käse vor

Zwischen 7-8 Uhr: Frühstück

Kräuterjoghurt mit Knäcke

1 Becher Kräuterjoghurt (150 g)
1 Scheibe Knäcke

Joghurt und Knäcke zusammen essen.

Zwischen 13-14 Uhr: Mittagessen

Matjessalat

1 Matjesfilet (75 g)
50 g Eisbergsalat
50 g Lauchzwiebeln
125 g Tomaten
1 Bund Dill, 3 EL Knoblauch-Joghurt-Dressing (Flasche)

Matjesfilet würfeln. Salat und Gemüse putzen, waschen und kleinschneiden. Mit dem Matjes mischen. Gehackten Dill und Fertigdressing darüber geben.

Zwischen 19-20 Uhr: Abendessen

Kohl-Käse-Pfanne

400 g Spitzkohl
125 g Möhren, 1 EL Margarine, 1/2 Tasse Gemüsebrühe
1 TL Crème fraîche
1 1/2 Scheiben Schmelzkäse

Gemüse kleinschneiden. Im heißen Fett andünsten. Brühe, Crème fraîche und Käsewürfel zufügen und alles ca. 5 Minuten garen.

Wie ißt man nach der Diät weiter?

Ganz einfach so, wie Sie es in diesen zehn Tagen gelernt haben: • Gönnen Sie sich auch weiterhin alle drei Stunden eine kleine Mahlzeit. So kommt Heißhunger erst gar nicht auf, und Sie nehmen nie wieder zu. • Sparen Sie Fett, d. h. bevorzugen Sie magere Wurst- und Fleischsorten • Essen Sie reichlich Obst und Gemüse, und zwar möglichst roh. Dann stecken noch die meisten Vitamine drin.
• Lesen Sie beim Lebensmitteleinkauf kritisch die Zutatenlisten. Sie werden schnell feststellen: So manches Produkt (z. B. Sahnejoghurt, Fertiggerichte) entpuppt sich als Kalorienbombe!

Zwischen 10-11 und 16-17 Uhr: jeweils 1 Grapefruit

Neu: Der fabelhafte

Was haben eine Currywurst mit Pommes und ein Stück Schokoladentorte miteinander gemeinsam? Den Fitness-Faktor 1! Und ein Pfund Spargel und ein Gläschen trockener Sekt? Den Fitness-Faktor 5! Wobei es hier genau umgekehrt wie in der Schule zugeht: Die 1 ist schlecht, die 5 dagegen großartig.

Wieder irgendein neuer Alles-hört-auf-uns-Unsinn von selbsternannten Ernährungs-Cracks?

Im Gegenteil.

Deutsche Diät-Experten haben die bislang übliche Kalorienzählerei um den sogenannten "Fitness-Faktor" bereichert, weil sie fanden, daß Kalorienangaben allein herzlich wenig über die Ernährungsqualität eines Lebensmittels aussagen. Die "inneren Werte" jeder Mahlzeit - allen voran Vitamine, Proteine, Mineralstoffe, Kohlenhydrate - bestimmen den Gesundheits-Effekt und den Abnehm-Erfolg einer Diät mindestens genauso wie die schlichte Addition von Kalorieneinheiten.

Diese völlig neue Art der Bewertung von Lebensmitteln spielt bei der großen FIT & SCHÖN-DIÄT ab der nächsten Seite eine zentrale Rolle. Aber lassen Sie uns hier zunächst mal untersuchen, was denn im Detail hinter den "Zensuren" 1 bis 5 steckt: Wieso hat zum Beispiel eine 20-Gramm-Portion Corn-flakes den recht ordentlichen "Fitneß-Faktor" 4, ein 150-Gramm-Stück Schweinebraten dagegen nur einen mickrigen "Fitness-Faktor"2, eine 50-Gramm-Schüssel Nudeln wiederum den Super-"Fitness-Faktor" 5?

Weil der Kaloriengehalt in einem jeweils günstigen oder ungünstigen Verhältnis zur Menge der eher wertvollen oder wertlosen Inhaltsstoffe steht! In unseren drei Beispielen bedeutet dies: Der Teller Corn-flakes bringt es bei idealem Getreideanteil auf gerade eben 160 Kalorien, der Schweinebraten mit seinen negativen und versteckten Fetten liefert auf einen Schlag über 400 Kalorien, die Portion Nudeln schenkt uns die ganze Kraft ihrer Kohlenhydrate bei nur 168 Kalorien!

Unterschiede, die man differenziert und in der Summe gar nicht hoch genug bewerten kann. Summa summarum läßt sich sagen: Ein hoher "Fitness-Faktor" verrät viele Top-Nährstoffe bei wenig Kalorien, ein niedriger "Fitness-Faktor" signalisiert das andere Ende der Fahnenstange - wenig Vitamine & Co. bei viel Kalorien.

In den Tabellen auf dieser Doppelseite finden Sie den "Fitness-Faktor" von 80 verschiedenen Lebensmitteln auf einen Blick. Warum die Aufteilung in vier unterschiedliche Kategorien? Weil die "inneren Werte" auch noch ganz verschiedene Ausprägungen haben. Es gibt unter den Nahrungsmitteln ausgesprochene Schlank-Macher, Gute-Laune-Bringer, Vitamin-Spender und Power-Lieferanten, und das erfahren Sie dank unserer "Fitness-Faktor"-Übersicht nebenbei gleich mit!

Zur Abteilung Schlank-Macher gehört eine Menge Obst und Gemüse - daß dort auch Gummibärchen auftauchen, ist Absicht: die zähen Viecher haben schließlich den fiesen Faktor 1.

Zu den besten Gute-Laune-Bringern zählen Bananen, Datteln und Broccoli, weil sie Mineralstoffe vom Feinsten enthalten. Was man vom Mohnkuchen - den finden Sie in dieser Abteilung ebenfalls - nicht unbedingt sagen kann, darum hat er auch nur den Faktor 2.

Bei der Kategorie Vitamin-Spender rangieren Fenchel, Spinat, Johannisbeeren, Kiwi plus Paprika ganz oben. Eher ziemlich unten: Haselnüsse.

Und in der Abteilung Power-Lieferanten - Motto: mehr Schwung durch reichlich Eiweiß - sind Nudeln (z.B. im Salat), mageres Fleisch und Milchprodukte ideal. Die eingangs zitierte Currywurst ist dagegen das Letzte!

Aber sehen Sie selbst - hier rechts steht die "Top-80-Liste".

Fitness-Faktor

GUTE (UND EIN PAAR MIESE) SCHLANK-MACHER

1 Scheibe Ananas (125 g, 70 kcal)	5
1 Apfel (125 g, 56 kcal)	4
1 Birne (125 g, 57 kcal)	4
100 g Cremequark (70 kcal)	5
100 g Gewürzgurken (20 kcal)	4
100 Gummibärchen (70 kcal)	1
125 g Hähnchenbrust (130 kcal)	4
1 Becher Magerjoghurt (150 g, 65 kcal)	5
500 g Miesmuscheln (72 kcal)	3
125 g Möhren (28 kcal)	5
3 Pellkartoffeln (175 g, 102 kcal)	4
1 Bund Radieschen (80 g, 10 kcal)	4
250 g Rettich (20 kcal)	5
1 Salatgurke (500 g, 70 kcal)	5
150 g Sauerkraut (20 kcal)	5
1 Schinkenbrötchen (175 kcal)	3
150 g Schollenfilet (120 kcal)	4
500 g Spargel (80 kcal)	5
3 Tomaten (150 g, 30 kcal)	5
150 g Wassermelone (40 kcal)	5

TOLLE (UND EINIGE TRÜBE) GUTE-LAUNE-BRINGER

6 Austern (70 kcal)	5
1 Banane (150 g, 120 kcal)	5
100 g Beefsteakhack (112 kcal)	4
1 Bismarckhering (125 g, 270 kcal)	4
200 g Broccoli (45 kcal)	5
5 Datteln (50 g, 137 kcal)	5
1 große Kugel Eis mit Waffel (190 kcal)	5
1 Forelle (150 g, 102 kcal)	5
1 Becher Grießpudding (200 g, 150 kcal)	5
30 g Kartoffelchips (162 kcal)	4
100 g Lachs (202 kcal)	4
3 Lammkoteletts (250 g, 224 kcal)	4
1 Matjesfilet (100g, 267 kcal)	4
1 Becher Milchreis (250 g, 290 kcal)	4
1 Stück Mohnkuchen (100 g, 355 kcal)	2
1 Tüte Popcorn (40 g, 148 kcal)	4
1 Portion Ravioli (220 kcal)	4
1 Riegel Schokolade (90 kcal)	5
1 Stück Schokoladentorte (470 kcal)	1
1 Glas trockener Sekt (0,1 l, 76 kcal)	5

ECHTE (UND RECHT SCHLECHTE) VITAMIN-SPENDER

125 g Acerolakirschen (30 kcal)	5
125 g Erdbeeren (45 kcal)	5
200 g Fenchel (70 kcal)	5
1 Portion Grünkohl (200 g, 56 kcal)	5
50 g Haselnüsse (322 kcal)	2
125 g schwarze Johannisbeeren (60 kcal)	5
1 Kiwi (50 kcal)	5
1 Kohlrabi (200 g, 44 kcal)	4
100 g Krabbenfleisch (100 kcal)	4
1 Portion gebr. Leber (125 g, 124 kcal)	5
1/2 Mango (125 g, 85 kcal)	5
6 Nürnberger Würstchen (430 kcal)	1
1 Orange (65 kcal)	4
1/2 Papaya (200 g, 24 kcal)	5
1 Paprikaschote (150 g, 33 kcal)	5
200 g Pfifferlinge (22 kcal)	5
1 Schweinekotelett (125g, 220 kcal)	4
1 EL Sonnenblumenkerne (150 kcal)	3
150 g Spinat (23 kcal)	5
50 g Trockenaprikosen (129 kcal)	3

SCHNELLE (UND ZWEI SCHLAPPE) POWER-LIEFERANTEN

200 g Blumenkohl (50 kcal)	5
1 Portion Corn-flakes (20 g, 160 kcal)	4
1 Currywurst mit Pommes (720 kcal)	1
1 Portion Dickmilch (125g, 90 kcal)	4
1 gekochtes Ei (85 kcal)	5
125 g Hähnchenbrust (124 kcal)	5
1 Hamburger (360 kcal)	3
1 Becher Joghurt (150 g, 105 kcal)	5
1 Käsebrötchen (225 kcal)	3
1 Stück Knoblauch-Brot (100 g, 229 kcal)	4
1 EL Kürbiskerne (20 g, 120 kcal)	4
1 Glas Malzbier (0,2 l, 104 kcal)	4
200 g Mangold (40 kcal)	5
1 Portion Müsli (150 g, 235 kcal)	4
1 Portion Nudeln (50 g, 168 kcal)	5
1 Portion Quark (125g, 85 kcal)	5
125 g Rinderfiletsteak (155 kcal)	5
1 Portion Schellfisch (150 g, 115 kcal)	5
150 g Schweinebraten (407 kcal)	2
125 g Schweinefilet (125 kcal)	5

Wie Ihnen der "Fitness-Faktor" dabei helfen kann, in 4 Wochen bis zu 20 Pfund abzunehmen, erfahren Sie auf den nächsten Seiten.

DIE FIT- &

Jetzt garantiert

Kalorien sind nicht alles – genauso wichtig ist der Fitness-Faktor! Wie wir Ihnen auf den vorigen Seiten anhand der Top 80-Listen erläutert haben, kommt es in einem hohen Maße darauf an, welche »inneren Werte« unsere Lebensmittel haben. Darum bildet der Fitness-Faktor auch die Basis dieser Fit- und Schön-Diät, bei der Sie innerhalb von 4 Wochen bis zu 20 Pfund abnehmen können – auf die gesündeste und erfolgreichste Art überhaupt: Unsere Super-Kur läßt eben nicht nur Über-

Vitaminreiche Fitmacher gegen den kleinen Hunger: Joghurt, Dickmilch und Quark mit Früchten, Kräutern oder Gemüse

SCHÖN-DIÄT

20 Pfund runter

gewicht dahinschmelzen, sie macht obendrein noch fit und schön und setzt Energien frei. Wie das neue JOURNAL-Ernährungsprogramm funktioniert? Denkbar einfach: Sie kriegen täglich 800 Kalorien, verteilt auf drei Mahlzeiten. Die kalten und warmen Gerichte haben je 300, das Frühstück 200 Kalorien. Gegen den kleinen Hunger zwischendurch gibt's dann noch Extra-Snacks à 100 Kalorien. Muß nicht sein, nur für den Fall, daß Sie mal eine schwache Minute haben... Die Rezepte für das Frühstück, die Snacks und alle Einkaufszettel finden Sie am Schluß.

Sorgen für gute Laune: Raffinierte Gerichte gegen den großen Hunger, z. B. Nudeln mit Pilzsoße (Foto), bringen wertvolle Kohlenhydrate und wichtige Proteine

Warme Mahlzeit: gebratenes Hähnchenbrustfilet mit Reis und Möhrengemüse

1. TAG

Kalte Mahlzeit: knackiger Salat mit Tomaten, Gurken, Oliven und Joghurtsoße

Kalte Mahlzeit:

Tomaten-Oliven-Salat

250 g Tomaten, 250 g Salatgurke, 50 g Römersalat, 30 g dunkle Oliven, 1 Tüte Fertigsoßenmischung Joghurt, 1 TL Parmesankäse, 1/2 Becher Magerjoghurt (75 g), 1 Scheibe Knäckebrot

Tomaten, Gurken und Salat kleinschneiden und mit den Oliven auf einem Teller anrichten. Aus Fertigsoßenmischung, Käse und Joghurt eine Soße rühren und darüber verteilen. Knäcke dazu essen.

Warme Mahlzeit:

Hähnchenbrust mit Wildreis

1 Beutel Wildreismischung (62,5 g), 250 g Möhren
1/2 Tasse Gemüsebrühe
75 g Hähnchenbrust
1 TL Öl, Salz, Pfeffer
1/2 Bund glatte Petersilie

Reis kochen, abgießen (Hälfte für den 3. Tag kühlstellen) Möhren putzen, kleinschneiden, in Brühe 7-10 Minuten garen. Fleisch in Öl braten, würzen. Möhren mit gehackter Petersilie bestreuen und Reis dazu essen.

Alles zusammen

Fitness-Faktor 5

BRINGT POWER:
viel Eiweiß und B-Vitamine durch Hähnchenbrust, komplexe Kohlenhydrate aus Reis, reichlich Beta-Karotin aus Möhren.

Kalte Mahlzeit: herzhaftes Vollkornbrot mit Lachsschinken und Gurkenscheiben

2. TAG

Kalte Mahlzeit:

Gurken-Schinken-Sandwich

2 Scheiben Vollkornbrot (60 g), 1 EL Halbfettbutter oder -margarine, 2 Salatblätter, 75 g Lachsschinken
1/2 Salatgurke (250 g)
1/2 Bund glatte Petersilie
Salz, Pfeffer

Brote mit Fett bestreichen. Mit Salat, Schinken und Gurkenscheiben belegen. Gehackte Petersilie darüber streuen und würzen.

Warme Mahlzeit:

Paprika-Nudeln

30 g Nudeln, z.B. Penne
je 1/2 rote und gelbe Paprika (150 g), 1 TL Butter oder Margarine, 100 g Tomaten-Kräuter-Fertigsoße (Glas), 1 EL Parmesan, 1/2 Bund Basilikum

Nudeln garen. Paprikaschoten putzen, kleinschneiden, in Fett kurz andünsten. Tomatensoße zufügen, Paprika 3-5 Minuten garen. Nudeln abgießen, Paprikagemüse und Käse darüber geben. Mit Basilikumblättern bestreuen.

Warme Mahlzeit: Nudeln mit buntem Paprika, Basilikum und Parmesan

Alles zusammen

Fitness-Faktor 5

MACHT GUTE LAUNE: wertvolle Kohlenhydrate aus Nudeln, Vitamin C satt aus Paprika, verdauungsfördernde Ballaststoffe aus Vollkornbrot und Gurke.

Warme Mahlzeit:
Kartoffeln mit Rosenkohlgemüse und Rührei

3. TAG

Warme Mahlzeit:

Rosenkohl mit Rührei

200 g Rosenkohl, 125 g Kartoffeln, 1 TL Butter oder Margarine, 1/2 Tasse Gemüsebrühe
1 Ei, 1 TL Öl, Salz, Pfeffer

Rosenkohl putzen, Kartoffeln schälen. Beides in Fett kurz andünsten, Brühe zufügen 15 Minuten garen. Rührei im Öl braten, würzen und dazu essen.

Alles zusammen

Fitness-Faktor 5

LIEFERT VITAMINE: Rosenkohl, Kartoffeln und Früchte decken den Tagesbedarf an den Vitaminen A und C und stärken außerdem die körpereigenen Abwehrkräfte.

Kalte Mahlzeiten:

Reissalat mit Früchten

1/2 Banane (75 g), 1 Mandarine, 1 Birne (100 g), 80 g gekochte Wildreismischung (30 g Rohware), 1/2 Becher Magerjoghurt (75 g), 1 1/2 EL Cremequark (0,2% Fett), 1-2 EL Zitronensaft, flüssiger Süßstoff

Obst putzen und kleinschneiden. Mit dem Reis in einer Schale mischen. Übrige Zutaten verrühren und darüber geben.

Kalte Mahlzeit: Reissalat mit Banane, Birne und Mandarinen

4. TAG

Warme Mahlzeit:

Gemüsetopf mit Käse

125 g Kartoffeln, 1 TL Butter oder Margarine, 1 Paket tiefgefrorenes Farmergemüse (300 g)
1/2 l Gemüsebrühe, 100 g fertige Tomaten-Kräuter-Soße (Glas)
1/2 Bund glatte Petersilie
1 Scheiblette »light« (20 g)

Kartoffeln schälen, kleinschneiden, in Fett kurz dünsten. Brühe und Gemüse zufügen und alles 10-15 Minuten garen. Tomatensoße einrühren, gehackte Petersilie zufügen. Käse würfeln und darauf geben

Warme Mahlzeit: Eintopf mit Farmergemüse und Kartoffeln

Warme Mahlzeit: gebratener Schellfisch mit pikantem Kartoffelsalat

5. TAG

Warme Mahlzeit:

Fisch mit Kartoffelsalat

250 g Kartoffeln
100 g Lauchzwiebeln
1/2 Bund Radieschen (80 g)
1 Tüte Fertigsoßenmischung Joghurt, 1 1/2 EL Cremequark
1/2 Bund glatte Petersilie,
100 g Schellfisch, Salz, Pfeffer
Zitronensaft, 1 TL Öl

Kartoffeln garen, abgießen (Hälfte für den 6. Tag kühl stellen). Kartoffeln pellen, Lauchzwiebeln putzen, alles kleinschneiden. Aus Fertigsoßenmischung und Quark eine Soße rühren und darüber geben. Petersilie hacken, zufügen. Fisch würzen und braten.

Alles zusammen

Fitness-Faktor 5

NOCH MEHR POWER: **wertvolle Omega-3-Fettsäuren, hochwertiges Protein, wichtiges Jod aus Fisch, reichlich Kalzium aus Käse und Quark.**

Kalte Mahlzeit:

Toast mit Käse

2 Scheiben Vollkorntoast
1 EL Halbfettbutter, 50 g Römersalat, 1/2 Bund Radieschen
2 Scheibletten »light« (40 g)

Brot toasten, mit Fett bestreichen. Eine Scheibe mit Salat und Käse belegen. Radieschen putzen, kleinschneiden und darauf geben. Mit der zweiten Scheibe abdecken.

Kalte Mahlzeit: Vollkorntoast, ganz üppig belegt mit Salat, Käse und Radieschen

Kalte Mahlzeit: fruchtiger Paprikasalat mit Apfel und Ei. Dazu gibt's Knäckebrot

Kalte Mahlzeit:

Paprikasalat

je 1/2 rote und gelbe Paprikaschote (150g)
1 Apfel (100 g)
1 gekochtes Ei
1 Tüte Fertigsoßenmischung für gemischten Salat, 1 TL Öl
2 Scheiben Knäckebrot

Paprika und Apfel putzen, kleinschneiden und in einer Schale mischen. Ei pellen, halbieren und darauf legen. Fertigsoßenmischung, Öl und 2 EL Wasser verrühren und darüber geben. Knäcke dazu essen.

Alles zusammen

Fitness-Faktor 5

VITAMINE SATT: **aus Paprika, Petersilie, Kartoffeln. Vitamin C entgiftet gemeinsam mit Magnesium und Kalium (steckt in Gemüse) den menschlichen Körper.**

Warme Mahlzeit: Hirse mit Tomaten und Broccoli

6. TAG

Warme Mahlzeit:

Hirsetopf

40 g Hirse, 1 TL Butter oder Margarine
100 ml Gemüsebrühe
170 g Tomato al Gusto mit Kräutern, 300 g Broccoli

Hirse in Fett andünsten, Brühe zufügen, aufkochen und 20 Minuten ausquellen lassen. Tomatensoße zufügen. Broccoli putzen, in Salzwasser 10 Minuten garen. Abtropfen lassen und zur Hirse essen.

Alles zusammen

Fitness-Faktor 5

BRINGT GUTE LAUNE: Reichlich Mineralstoffe (Eisen, Zink, Fluor, Jod) aus Krabben und Hirse, Folsäure aus Broccoli macht garantiert happy.

Kalte Mahlzeit:

Krabbensalat

125 g gegarte Kartoffeln, 100 g Lauchzwiebeln, 100 g Krabbenfleisch, 1/2 Bund Dill
1 Tüte Fertigsoßenmischung für gemischten Salat, 1 EL Öl etwas Wasser

Kartoffeln pellen und würfeln. Lauchzwiebeln putzen und kleinschneiden. Beides mit den Krabben und gehacktem Dill mischen. Aus den übrigen Zutaten eine Soße rühren und darüber gießen.

Kalte Mahlzeit: Kartoffelsalat mit Krabben, Lauchzwiebeln und Dill

7. TAG

Warme Mahlzeit:

Chinapfanne

75 g Rinderfilet, 1 TL Öl
1/2 Dose indonesische Gemüsepfanne (110 g), 1 EL Sojasoße, Salz, Pfeffer Chinagewürz, 1/2 Scheibe Vollkorntoast

Fleisch in Streifen schneiden und in Öl braten. Abgetropftes Gemüse, Sojasoße und Gewürze zufügen. Alles aufkochen lassen. Brot toasten und dazu essen.

Warme Mahlzeit: geschnetzeltes Rinderfilet mit Gemüse

Warme Mahlzeit: Hacksteak mit Zucchini-Möhren-Gemüse

8. TAG

Warme Mahlzeiten:

Frikadelle mit Zucchini

75 g Beefsteakhack, 1 EL Cremequark (0,2% Fett), Salz, Pfeffer, Knoblauchpulver, 200 g Zucchini, 125 g Möhren, 125 g Kartoffeln, 1/2 Tasse Gemüsebrühe, 1 TL Öl, 1/2 Bund glatte Petersilie

Hack mit Quark und Gewürzen verkneten, eine Frikadelle formen. Gemüse und Kartoffeln putzen und kleinschneiden. In Gemüsebrühe 10-15 Minuten garen. Frikadelle in Öl braten. Mit Petersilie anrichten.

Alles zusammen

Fitness-Faktor 5

POWER TOTAL: Proteine aus magerem Fleisch (Frikadelle) und Vitamin A und C aus Gemüse bringen den absoluten Leistungskick.

Kalte Mahlzeit: Rohkost mit pikantem Quarkdip

Kalte Mahlzeit:

Rohkost mit Quarkdip

100 g Chicorée
250 g Salatgurke
1 rote Paprikaschote (125 g), 75 g Mais (Dose), 50 g Cremequark
1 EL Crème fraîche, Salz Pfeffer, Knoblauchpulver.
je 1/2 Bund Dill und Petersilie, 2 Scheiben Knäckebrot

Gemüse putzen, kleinschneiden. Mit dem abgetropften Mais auf einem Teller anrichten. Quark, Crème fraîche, Gewürze und gehackte Kräuter verrühren. Knäcke dazu essen.

Kalte Mahlzeit: Vollkornbrot mit Camembert und Birne

Kalte Mahlzeit:

Camembert-Brot

1 Scheibe Vollkornbrot (45 g), 1 TL Halbfettbutter oder -margarine, 30 g kalorienreduzierter Camembert, 1 Birne (100 g)
1 TL Sonnenblumenkerne

Brot mit Fett bestreichen und mit Käse belegen. Birne entkernen, in Spalte schneiden und darauf verteilen. Mit Sonnenblumenkernen bestreuen.

Alles zusammen

Fitness-Faktor 5

SCHLANKHEITS-VITAMINE PUR: Pantothensäure (B-Vitamin) aus Camembert und Filet fördert den Fettabbau, Vitamin E aus Sonnenblumenkernen aktiviert den Stoffwechsel.

Warme Mahlzeit: Bandnudeln mit pikanter Pilz-Käse-Soße

Warme Mahlzeit:

Nudeln mit Pilzen

60 g Nudeln, 200 g Champignons, 100 g Zuckerschoten
1 TL Butter oder Margarine
Salz, Pfeffer,
1 1/2 Scheibletten «light«
(30 g)

Nudeln garen, abgießen (Hälfte für den 11. Tag kalt stellen). Pilze und Zuckerschoten putzen. Beides im heißen Fett 5 Minuten dünsten. Alles würzen und unter die Nudeln mischen. Käse würfeln und darauf geben.

Kalte Mahlzeit: Vollkorntoast mit Putenbrust und Gemüse

Kalte Mahlzeit:

Putenbrust-Toast

1 Scheibe Vollkorntoast, 1 EL Halbfettbutter oder -margarine, 50 g geräucherte Putenbrust
1/2 Dose indonesische Gemüsepfanne (110 g)

Toast mit Fett bestreichen und mit Putenbrust belegen. Das Gemüse abtropfen lassen, darüber verteilen.

9. TAG

Alles zusammen

Fitness-Faktor 5

MACHT HAPPY: Kalzium aus Käse, Vitamin C aus Gemüse, Kohlenhydrate aus Nudeln sorgen zusammen für ein Stimmungshoch.

10. TAG

Warme Mahlzeit:

Radieschenquark mit Kartoffeln

325 g Kartoffeln
150 g Cremequark (0,2% Fett)
1 EL Crème fraîche, Salz, Pfeffer, Knoblauchpulver, 1/2 Paket tiefgefrorene Kräutermischung, 1/2 Kästchen Kresse, 1 Bund Radieschen (80 g)

Kartoffeln garen, abgießen (125 g für den 12. Tag kühl stellen). Restliche Zutaten mit Kresse und kleingeschnittenen Radieschen verrühren. Zu den Kartoffeln essen.

Alles zusammen

Fitness-Faktor 5

REICHLICH VITAMINE: aus Öl (Vitamin E), Blattsalaten, Radieschen und Kräuter (Vitamin C), Vollkornbrot und Ei (B-Vitamine).

Warme Mahlzeit: Pellkartoffeln mit Quark

11. TAG

Warme Mahlzeit: Spinatsuppe mit Kartoffeln und Ei

Warme Mahlzeit:

Spinatsuppe mit Ei

125 g Kartoffeln
1 TL Butter oder Margarine
1 Paket tiefgefrorener Blattspinat (300 g), 3/8 l Gemüsebrühe
1 EL Crème fraîche, 1 Ei

Kartoffeln schälen, würfeln. Mit dem Spinat in heißem Fett andünsten. Brühe angießen und 15 Minuten garen. Alles pürieren und mit Crème fraîche verfeinern. Ei hart kochen, pellen, halbieren und in die Suppe geben.

Kalte Mahlzeit: Nudelsalat mit Gurke, Tomate, Kresse, Käse

Kalte Mahlzeit:

Nudelsalat

1/2 Salatgurke (250 g), 100 g Tomaten, 1/2 Kästchen Kresse, 2 Scheibletten »light« (40 g), 60 g gegarte Nudeln
1 Tüte Fertigsoßenmischung für gemischten Salat, 1 TL Öl, etwas Wasser

Gemüse putzen und kleinschneiden. Mit der Kresse, gewürfeltem Käse und Nudeln mischen. Aus den übrigen Zutaten eine Soße rühren und darüber geben.

Alles zusammen

Fitness-Faktor 5

BRINGT NEUE POWER: Die Mineralstoffe Eisen und Magnesium aus Spinat, Lecithin aus Eigelb wirken wie Super-Treibstoff für den Körper.

Kalte Mahlzeit: Vollkornbrot mit Ei und Salat

Kalte Mahlzeit:

Eibrot und Salat

1 Scheibe Vollkornbrot (45 g)
1 TL Halbfettbutter oder -margarine, 1 Ei, 1/2 Bund Schnittlauch
100 g Radicchio, 50 g Eisbergsalat, 50 g Feldsalat, 1 Tüte Fertigsoßenmischung für gemischten Salat, 1 TL Öl, etwas Wasser

Brot mit Fett bestreichen und mit Eischeiben belegen. Schnittlauchröllchen darüber streuen. Salate putzen und waschen. Aus den übrigen Zutaten eine Soße rühren und darüber geben.

Warme Mahlzeit: gedünsteter Fisch mit Kartoffeln und Salat

12. TAG

Warme Mahlzeit:

Fischfilet in Petersiliensoße

1 Paket tiefgefrorenes Fischfilet in Petersiliensoße (200 g)
125 gegarte Kartoffeln
1 TL Öl , 50 g Salat, z.B. Eisberg oder Radicchio
1-2 EL Zitronensaft
flüssiger Süßstoff

Fischfilet nach Packungsanweisung zubereiten. Kartoffeln pellen, in heißem Fett braten. Salat mit Zitronensaft und Süßstoff abschmecken.

Alles zusammen

Fitness-Faktor 5

VITAMINE SATT: 1 Kiwi deckt bereits den Tagesbedarf an Vitamin C, weitere wichtige Lieferanten der Vitalstoffe sind Kartoffeln,Salat, Apfel und Camembert.

Kalte Mahlzeit:

Rohkost und Käseknäcke

125 g Möhren, 1 Apfel (125 g), 1 Kiwi, 2 EL Zitronensaft, flüssiger Süßstoff, 2 Scheiben Knäckebrot, 1 EL Halbfettbutter oder -margarine
30 g kalorienreduzierter Camembert

Möhren, Apfel und Kiwi putzen bzw. schälen und kleinschneiden. Mit Zitronensaft und Süßstoff abschmecken. Knäcke mit Fett bestreichen. Käse darauf legen.

Kalte Mahlzeit: Camembe brot und Rohkost

13. TAG

Kalte Mahlzeit:

Lachstoast und Fenchelsalat

1 Scheibe Vollkorntoast
1 TL Halbfettbutter oder -margarine, 50 g Räucherlachs
200 g Fenchel, 1 Mandarine, Saft von 1 Mandarine, 1 TL Öl

Brot mit Fett bestreichen und mit Lachs belegen. Fenchel und Mandarine putzen und kleinschneiden. Aus den übrigen Zutaten eine Soße rühren und über den Salat geben.

Kalte Mahlzeit: Vollkorntoast mit Räucherlachs und Salat

Warme Mahlzeit: Reispfanne mit Schinken und Erbsen

Warme Mahlzeit: Schweineschnitzel mit Wirsinggemüse

14. TAG

Warme Mahlzeit:

Schnitzel mit Wirsing

1 kleiner Wirsingkohl (300 g)
125 g Kartoffeln, 1 TL Butter oder Margarine, 1/2 Tasse Gemüsebrühe, 75 g Schweineschnitzel, 1 TL Öl
Salz, Pfeffer

Kohl putzen, Kartoffeln schälen, beides kleinschneiden und in heißem Fett andünsten. Brühe zugeben und 15 Minuten garen. Schnitzel in heißem Öl braten, würzen und dazu essen.

Alles zusammen

Fitness-Faktor 5

NOCH MAL GUTE LAUNE: Wertvolle Kohlenhydrate aus Reis und Kartoffeln sorgen dafür, daß unser Gehirn das Glückshormon »Serotonin« produzieren kann.

Kalte Mahlzeit:

Reissalat

60 g gegarter Reis, 75 g Mais (Dose)
100 g Zucchini, 1 Scheiblette »light« (20 g), 1/2 Bund Schnittlauch, 1 Tüte Fertigsoßenmischung für gemischten Salat, 1 TL Öl , etwas Wasser

Reis und Mais mit gewürfelter Zucchini und Käse in einer Schale mischen. Schnittlauch in Röllchen schneiden und zufügen. Aus den übrigen Zutaten eine Soße verrühren und darüber geben.

Kalte Mahlzeit: Reissalat mit Zucchini und Käse

Warme Mahlzeit:

Bunte Reispfanne

60 g Reis, 50 g tiefgefrorene Erbsen, Salz, 100 g Tomaten
40 gekochter Schinken
1 EL Crème fraîche
1/2 Paket tiefgefrorene Kräutermischung

Reis garen, abgießen (Hälfte für den 14. Tag kühlstellen). Erbsen in Salzwasser 5 Minuten garen und abgießen. Tomaten und Schinken würfeln. Mit den Kräutern und Crème fraîche zu den Erbsen geben. Alles erhitzen. Den Reis darunter mengen.

Alles zusammen

Fitness-Faktor 5

POWER TOTAL: Das Eiweiß aus Lachs, Schinken und Crème fraîche sorgt gemeinsam mit den Kohlenhydraten aus Reis und Brot für einen echten Leistungsschub.

Halbzeit! *Die ersten zwei Wochen mit der Fit- & Schön-Diät sind geschafft! Wenn's optimal gelaufen ist, haben Sie jetzt vielleicht schon echte 10 Pfund abgenommen. Wenn nicht – keine Panik. Jeder Mensch reagiert auf Diäten anders. Bei Männern geht es meistens schneller als bei Frauen, dafür halten Frauen oft konsequenter durch. Außerdem gibt es immer mal Phasen, in denen die Waage unverändert bleibt – dann aber purzeln die Pfunde plötzlich wieder wie von selbst… Also: Auf in die zweite Runde. Dafür, daß es Ihnen unverändert gutgeht, sorgt auch weiterhin der Fitness-Faktor jeder Mahlzeit!*

Warme Mahlzeit: Schweineschnitzel mit Nudeln, bunter Paprika und viel Petersilie (rechts). Kalte Mahlzeit: Vollkornbrot mit Hüttenkäse und viel rohem Gemüse (links oben)

Warme Mahlzeit: vegetarischer Eintopf aus Grünkern, Kohlrabi, Möhren und Lauchzwiebeln mit Käsestreifen

16. TAG

Warme Mahlzeit:

Grünkern-Gemüsetopf

30 g Grünkern, 1 TL Butter oder Margarine, gut 1/4 l Gemüsebrühe, 1/2 Kohlrabi (125 g) 2 Möhren (125 g), 80 g Lauchzwiebeln, 30 g kalorienreduzierter Käse

Grünkern im heißen Fett andünsten. Brühe zugießen, 30 Minuten garen. Gemüse putzen, kleinschneiden und 10 Minuten mitgaren. Käse in Streifen schneiden, darüber streuen.

Kalte Mahlzeit:

Nudel-Schinken-Salat

250 g Salatgurke, je 75 g rote und gelbe Paprika, 1/2 Bund Petersilie, 50 g gekochter Schinken 60 g gegarte Nudeln (vom Vortag), 1 Tüte Fertigsoßenmischung für gemischten Salat

Gemüse putzen und kleinschneiden. Petersilie hacken. Schinken würfeln. Alles mit den Nudeln mischen. Soßenpulver mit 3 EL Wasser verrühren und darüber geben.

Fitness-Faktor 5

Gute Laune durch Kohlenhydrate aus Grünkern und Nudeln

Kalte Mahlzeit: raffinierter Salat aus Nudeln, roter und gelber Paprikaschote, Gurke, Schinken und Kräuter-Marinade

15. TAG

Warme Mahlzeit:

Schnitzel mit Gemüsenudeln

60 g Nudeln, z.B. Penne
je 75 g rote und gelbe Paprika
1/2 Tasse Gemüsebrühe
1 Schweineschnitzel (75 g)
1 TL Öl, Salz, Pfeffer
1/2 Bund Petersilie

Nudeln garen, abgießen (Hälfte für den 2. Tag kühl stellen). Paprika putzen, kleinschneiden, in Brühe 5 Minuten garen. Nudeln darunter mengen. Schnitzel im heißen Öl braten, würzen. Mit gehackter Petersilie anrichten.

Kalte Mahlzeit:

Hüttenkäse-Rohkost-Brot

1 Scheibe Vollkornbrot (45 g)
1 EL Halbfettbutter oder -margarine, 100 g Hüttenkäse
1 Bund Radieschen (80 g)
250 g Salatgurke, 1 Möhre (75 g)
1 Tomate (50 g)

Brot mit Fett bestreichen, den Hüttenkäse darauf geben. Gemüse putzen und kleinschneiden. Auf dem Brot verteilen.

Fitness-Faktor 5

Vitamine satt durch reichlich frisches Gemüse und mageres Fleisch

17. TAG

Warme Mahlzeit:

Gemüse mit Ei

1 Ei, 150 g Broccoli
125 g Kohlrabi, 100 g tiefgefrorene Erbsen
1/2 Tasse Gemüsebrühe
1 EL Crème fraîche
einige Zweige Kerbel
1/2 Scheibe Vollkorntoast

Ei kochen. Gemüse putzen, kleinschneiden und mit den Erbsen in Brühe 10-15 Minuten garen. Crème fraîche und gehackten Kerbel zufügen. Ei pellen, halbieren und mit dem Toast dazu essen.

Warme Mahlzeit: Broccoli, Kohlrabi und Erbsen werden mit Kerbel gewürzt. Dazu gibt's ein Ei und Toast

Fitness-Faktor 5

Neue Power durch Eiweiß und Kalzium aus Käse und Crème fraîche

Kalte Mahlzeit:

Käse-Tomaten-Brot

2 Scheiben Vollkornbrot (60 g)
1 EL Halbfettbutter oder -margarine, 2 Blätter Eisbergsalat, 2 Tomaten (100 g), 50 g Lauchzwiebeln
30 g kalorienreduzierter Käse

Brot mit Fett bestreichen. Eine Scheibe mit Salat belegen. Tomaten und Lauchzwiebeln putzen, kleinschneiden und darauf verteilen. Käse würfeln und darüber geben. Mit der zweiten Brotscheibe abdecken.

Kalte Mahlzeit: Vollkornbrot, üppig belegt mit Eisbergsalat, Tomatenscheiben, Lauchzwiebeln und Käse

18. TAG

Warme Mahlzeit:

Tofu-Pilz-Pfanne

100 g Tofu (Sojabohnenquark)
200 g Champignons, 50 g Lauchzwiebeln, 50 g Sojasprossen
1 EL Öl, 1 EL Sojasoße, Salz, Pfeffer, Chinagewürz, 1 TL Crème fraîche, 1/2 Scheibe Vollkorntoast

Tofu würfeln. Pilze und Lauchzwiebeln putzen und kleinschneiden. Sprossen abspülen. Alles im heißen Öl anbraten, würzen. Crème fraîche zufügen und einmal aufkochen. Brot dazu essen.

Warme Mahlzeit: chinesische Gemüsepfanne mit Tofu, Pilzen, Sprossen und Sojasoße

Warme Mahlzeit: Fischsuppe mit Tomaten, Suppengemüse und Knoblauch

19. TAG

Warme Mahlzeit:

Fischsuppe

75 g Schellfisch, 1 Zwiebel
1 Knoblauchzehe, 2 Tomaten (100 g), 1 EL Öl, 2 Pakete tiefgefrorenes Suppengrün (à 50 g), 1/2 l Gemüsebrühe
einige Zweige Kerbel
1 Scheibe Vollkorntoast

Den Fisch würfeln. Zwiebel und Knoblauch abziehen, fein würfeln. Tomaten häuten und kleinschneiden. Zwiebel und Knoblauch im heißen Öl anbraten. Suppengrün, Brühe und Tomaten zufügen und alles kurz aufkochen. Fisch zugeben, 5 Minuten garziehen lassen. Kerbel hacken und darüber streuen. Toast dazu essen.

Fitness-Faktor 5

Noch mehr Power durch Schellfisch und Ananas-Enzyme

Kalte Mahlzeit:

Quark mit Früchten

1/2 Becher Hüttenkäse (100 g)
50 g Cremequark (0,2 % Fett)
1 TL Crème fraîche
1/2 Baby-Ananas (125 g)
125 g tiefgefrorene Himbeeren
Ingwerpulver, flüssiger Süßstoff

Hüttenkäse, Quark und Crème fraîche verrühren. Ananas putzen und kleinschneiden. Mit den Himbeeren unter den Quark mengen. Mit Ingwer und Süßstoff würzen.

Kalte Mahlzeit: süße Mischung aus Quark, Hüttenkäse, frischer Ananas und Himbeeren

Kalte Mahlzeit: Rohkostsalat aus Möhren und Zucchini. Dazu gibt's Vollkornbrot und ein Ei

Kalte Mahlzeit:

Rohkost mit Ei

1 Ei, 125 g Möhren, 150 g Zucchini
Salz, Pfeffer, 2-3 EL Zitronensaft
1 Scheibe Vollkornbrot (45 g)
1 TL Butter oder Margarine

Ei kochen. Gemüse putzen und grob raspeln. Mit Salz, Pfeffer und Zitronensaft würzen. Ei pellen, halbieren. Brot mit Fett bestreichen. Beides dazu essen.

Fitness-Faktor 5

Viele Vitamine, besonders Folsäure, aus Sojasprossen und Tofu

20. TAG

Warme Mahlzeit:

Sauerkrauttopf

150 g Kartoffeln, 125 g rote Paprikaschote, 150 g Sauerkraut, 1 TL Butter oder Margarine, 3/4 Tasse Gemüsebrühe, 1 Scheibe gekochter Schinken (30 g), 1 EL Crème fraîche, etwas Petersilie

Kartoffeln schälen, Paprika putzen, beides kleinschneiden. Mit dem Sauerkraut im heißen Fett andünsten. Brühe angießen und 20 Minuten garen. Schinken würfeln und mit der Crème fraîche zufügen. Mit gehackter Petersilie bestreuen.

Fitness-Faktor 5

Reichlich Vitamine aus Sauerkraut und Paprikaschoten

Warme Mahlzeit: deftiger Eintopf mit Kartoffeln, Sauerkraut Schinken und Paprika

Kalte Mahlzeit: marinierte Krabben mit Lauchzwiebeln und Dill auf Salat und Vollkornbrot

21. TAG

Fitness-Faktor 5

Energie durch proteinreiches Geflügel, Cremequark und Soja

Warme Mahlzeit:

Chinapfanne

160 g Reis, 75 g Hähnchenbrustfilet, 1/2 Baby-Ananas (125 g), 50 g Sojasprossen 1 TL Öl, 1 TL Sojasoße Salz, Pfeffer, Ingwerpulver Chinagewürz

Reis garen, abgießen (Hälfte für den 22. Tag kühl stellen). Hähnchenbrust würfeln. Ananas putzen und kleinschneiden. Sprossen abspülen. Fleisch im heißen Öl anbraten, Ananas und Sojasprossen zufügen. Mit Sojasoße und Gewürzen abschmecken. Alles einige Minuten durchkochen. Reis untermengen.

Warme Mahlzeit: asiatisch-fruchtige Hähnchenpfanne mit frischer Ananas, knackigen Sprossen und Reis

Tip: **Wenn Sie ein Gericht nicht mögen, tauschen Sie es einfach gegen ein anderes aus. Und: Berufstätige nehmen die kalte Mahlzeit mit an den Arbeitsplatz und kochen am besten abends warm.**

22. TAG

Warme Mahlzeit:

Hacktopf

450 g Kartoffeln, 1 Zwiebel
200 g Zucchini, 1 TL Öl
75 g Beefsteakhack, 1/2 Dose Tomaten (150 g), Salz, Pfeffer Knoblauchpulver

Kartoffeln garen, abgießen (300 g für den 24. und 25. Tag kühl stellen). Zwiebel und Zucchini putzen und kleinschneiden. Hack im heißen Öl anbraten. Zucchini und Zwiebel kurz mitbraten. Tomaten zugeben, alles würzen und 15 Minuten garen. Pellkartoffeln dazu essen.

Fitness-Faktor 5

Gute Laune durch Kohlenhydrate aus Kartoffeln, Reis und Mais

Warme Mahlzeit: würziger Hacktopf mit Zucchini, Tomaten und Pellkartoffeln

Kalte Mahlzeit:

Reissalat

1 Scheibe kalorienreduzierter Käse (30 g), 50 g Kirschtomaten, 80 g gegarter Reis, 50 g Mais (Dose)
1/2 Kästchen Kresse, 1 Tüte Fertigsoßenmischung für gemischten Salat
1 TL Öl

Käse würfeln. Tomaten kleinschneiden. Beides mit Reis, Mais und Kresse mischen. Soßenpulver mit Öl und 2 EL Wasser verrühren. Mit dem Salat mischen.

Kalte Mahlzeit: bunter Salat aus Reis, Mais, Kirschtomaten, Käse und Kresse

Kalte Mahlzeit: Gemüsequark mit Möhren, Zucchini, viel Kresse und Apfelscheiben auf Toastbrot

Kalte Mahlzeit:

Rohkost-Toast

2 Scheiben Vollkorntoast
1 TL Halbfettbutter oder -margarine
je 75 g Möhre, Zucchini und Apfel
1/2 Kästchen Kresse, 50 g Cremequark (0,2 % Fett)
Salz, Pfeffer

Brot toasten, mit Fett bestreichen. Gemüse und Apfel putzen. Gemüse raspeln, mit Kresse unter den Quark mengen, würzen. Auf dem Brot verteilen. Apfel in Scheiben schneiden, darauf legen.

Warme Mahlzeit: Bratkartoffeln mit Paprika und Pilzen, dazu Quark mit frischen Kräutern

Tip: **Viel trinken: mindestens 2 1/2 Liter pro Tag. Am besten kalorienfreies Mineralwasser. Auch wichtig: wenig salzen! Kochsalz bindet Wasser im Körper. Besser mit frischen vitaminreichen Kräutern würzen.**

Warme Mahlzeit:

Kartoffelpfanne

150 g gegarte Pellkartoffeln
je 1/2 rote und gelbe Paprika (150 g)
100 g Lauchzwiebeln, 100 g Austernpilze, 1 TL Öl, Salz, Pfeffer
100 g Cremequark, Kümmel, einige Zweige Kerbel, 1/2 Bund Dill

Kartoffeln pellen und in Scheiben schneiden. Gemüse und Pilze putzen, kleinschneiden. Alles im heißen Öl braten. Würzen. Quark mit Salz, Pfeffer, Kümmel und gehackten Kräutern verrühren und dazu essen.

23. TAG

Kalte Mahlzeit:

Brot mit Putenbrust

1 Scheibe Vollkornbrot (45 g)
1 EL Halbfettbutter oder -margarine
1-2 Blätter Salat, z.B. Eisberg
50 g geräucherte Putenbrust
1 Kiwi, 1 Orange

Brot mit Fett bestreichen und mit Salat belegen. Putenbrust darauf geben. Kiwi und Orange schälen und dazu essen.

Kalte Mahlzeit: Brot mit knackigem Salat, zarter Putenbrust, Orange und Kiwi

Fitness-Faktor 5

Vitamin C satt steckt in Paprikaschoten, Salat, Orange und Kiwi

24. TAG

Warme Mahlzeit:

Rührei mit Gemüse

150 g rote und grüne Paprika
50 g Mais (Dose), 2 EL Brühe
1 TL Crème fraîche, 1 Bund Schnittlauch, 1 Ei, Salz, 1 TL Öl
1 Scheibe Vollkorntoast

Paprika putzen, kleinschneiden. Mit Mais in Brühe 5 Minuten garen. Crème fraîche zufügen. Schnittlauch kleinschneiden, mit dem Ei, Salz und 1 EL Wasser verquirlen. Im heißen Öl braten. Auf den Toast geben. Gemüse dazu essen.

Warme Mahlzeit: Kräuter-Rührei auf Toast mit buntem Mais-Paprika-Gemüse

Warme Mahlzeit: Gemüseauflauf aus Fenchel, Erbsen, Tomaten und Käse

25. TAG

Warme Mahlzeit:

Fenchel-Erbsen-Gratin

250 g Fenchel, 1 TL Butter oder Margarine, 100 g tiefgefrorene Erbsen, 1/2 Dose Tomaten (150 g) Salz, Pfeffer, 1 Scheibe kalorienreduzierter Käse (30 g)

Fenchel putzen und kleinschneiden. In heißem Fett andünsten. Erbsen und Tomaten zufügen, würzen und 15 Minuten garen. In eine feuerfeste Form geben, den Käse in Streifen schneiden, darauf legen. Im Backofen kurz überbacken.

Tip: 1 Ei für die kalte Mahlzeit kochen.

Kalte Mahlzeit: Vollkornbrot mit Ei und Schnittlauch, dazu ein Gurken-Mais-Salat

Fitness-Faktor 5

Viel Schwung garantiert durch Ei, Mais, Käse und Vollkornbrot

Kalte Mahlzeit:

Eibrot mit Maissalat

1 Scheibe Vollkornbrot (45 g)
1 EL Halbfettbutter oder -margarine
1 gekochtes Ei, 1/2 Bund Schnittlauch, 1/2 Salatgurke (250 g)
50 g Mais (Dose)
1-2 EL Zitronensaft, Salz, Pfeffer

Brot mit Fett bestreichen und mit Eischeiben belegen. Schnittlauchröllchen darüber verteilen. Gurke schälen, kleinschneiden, mit dem Mais mischen und mit Zitronensaft und Gewürzen abschmecken.

Kalte Mahlzeit: Salat aus Kartoffeln, Radieschen und Gurke mit Sonnenblumenkernen

Kalte Mahlzeit:

Kartoffelsalat

150 g gegarte Kartoffeln
1/2 Salatgurke (250 g)
1 Bund Radieschen, 100 g Cremequark (0,2% Fett), 1 EL Crème fraîche, Salz, Pfeffer, Knoblauchpulver, 1 Paket tiefgefrorene Kräutermischung
1 TL Sonnenblumenkerne

Kartoffeln pellen und kleinschneiden. Gemüse putzen und ebenfalls kleinschneiden. Mit den Kartoffeln mischen. Cremequark mit Crème fraîche, Gewürzen und Kräutern verrühren. Soße unter den Salat mengen. Sonnenblumenkerne darüber streuen.

Fitness-Faktor 5

Reichlich Vitamine aus Gemüse, Kräutern und Kernen

Warme Mahlzeit: feine Schollenfilets mit sahnigem Kartoffel-Möhren-Gemüse und viel Schnittlauch

26. TAG

Warme Mahlzeit:

Schollenfilet mit Sahnekartoffeln

125 g Schollenfilets, Salz, Pfeffer Zitronensaft, 150 g Kartoffeln 1 Möhre (75 g), 1/2 Tasse Gemüsebrühe, 1 EL Crème fraîche 1/2 Bund Schnittlauch, 1 TL Öl

Schollenfilets würzen und mit Zitronensaft beträufeln. Kartoffeln und Möhre schälen, würfeln und in Brühe 15 Minuten garen. Crème fraîche und Schnittlauchröllchen einrühren. Schollenfilets im heißen Öl braten.

Kalte Mahlzeit: Vollkornbrot mit Blauschimmelkäse. Dazu gibt's eine Birne

Fitness-Faktor 5

Vitalität durch viel Eiweiß, Jod und Fluor im Schollenfilet

Kalte Mahlzeit:

Käsebrot mit Birne

1 Scheibe Vollkorntoast 1 TL Halbfettbutter oder -margarine, 40 g Blauschimmelkäse, z.B. Gorgonzola, 1 Birne (200 g)

Brot toasten, mit Fett bestreichen und mit Käse belegen. Birne waschen, entkernen, in Spalte schneiden, dazu essen.

Tip: **Bewegung tut gut und macht schneller schlank! Besonders wirkungsvoll sind Radfahren, Schwimmen und Joggen. Aber auch Spazierengehen bringt Kreislauf und Stoffwechsel wieder in Schwung.**

27. TAG

Warme Mahlzeit:

Wirsingtopf

250 g Wirsing, 30 g Reis 1 TL Butter oder Margarine gut 1/4 l Gemüsebrühe, 1 TL Sesamsamen, 1 TL Crème fraîche 1 TL geriebener Parmesankäse

Kohl putzen und in Streifen schneiden. Reis im heißen Fett andünsten. Kohl und Brühe zufügen, 30 Minuten garen. Sesam und Crème fraîche einrühren. Mit Parmesan bestreuen.

Warme Mahlzeit: Wirsingkohl mit Reis, Sesam, Crème fraîche und geriebenem Parmesankäse

28. TAG

Warme Mahlzeit:

Linsensuppe mit Würstchen

125 g Kartoffeln, 100 g Lauchzwiebeln, 30 g gelbe Linsen
3/8 l Gemüsebrühe
1 Geflügelwürstchen (50 g)
1/2 Bund Petersilie

Kartoffeln und Lauchzwiebeln putzen und kleinschneiden. Mit den Linsen in Brühe 20 Minuten garen. Würstchen in Scheiben schneiden, zufügen. Suppe mit gehackter Petersilie bestreuen.

Warme Mahlzeit: deftiger Eintopf mit Linsen, Kartoffeln, Lauchzwiebeln, Würstchen und viel Petersilie

Fitness-Faktor 5

Schwung bringen Kohlenhydrate aus Linsen, Kartoffeln, Brot

Kalte Mahlzeit: bunter Salat aus Zucchini, Tomaten und Schafskäse. Beilage: Vollkorntoast

Kalte Mahlzeit:

Tomaten mit Schafskäse

150 g Tomaten, 150 g Zucchini
40 g Schafskäse, 1 Tüte Fertigsoßenmischung für gemischten Salat, 1 TL Öl
1 Scheibe Vollkorntoast

Tomaten und Zucchini waschen und in Scheiben schneiden. Käse würfeln. Soßenpulver mit Öl und 3 EL Wasser verrühren. Alle Salatzutaten mischen. Brot toasten und dazu essen.

Kalte Mahlzeit: Hering in Gelee auf Vollkorntoast. Dazu gibt's einen Salat aus Eisberg und roter Paprikaschote

Kalte Mahlzeit:

Hering in Gelee

1 Scheibe Vollkorntoast, 1 Hering in Gelee (125 g), 50 g Eisbergsalat, 150 g rote Paprikaschote
2-3 EL Zitronensaft
flüssiger Süßstoff

Brot toasten und mit dem Hering belegen. Eisbergsalat und Paprika putzen, waschen, kleinschneiden. Zitronensaft mit 2 EL Wasser und etwas Süßstoff verrühren. Über den Salat gießen.

Fitness-Faktor 5

Kraft durch Wirsingkohl, Fisch, Käse und Reis

Das macht Sie morgens fit für den ganzen Tag: rundum gesunde Frühstücke. Dazu trinken Sie Kaffee (etwas Milch ist erlaubt) oder schwarzen Tee mit Süßstoff

FRÜHSTÜCKE ZUM AUSSUCHEN

Auf los geht's los: Beginnen Sie den Tag mit einem üppigen Frühstück. Jedes hat 200 Kalorien.
Wichtig: Die Zutaten für die Frühstücke stehen nicht mit auf den Einkaufslisten und müssen extra eingekauft werden.

Knäckebrot mit Schinken

2 Scheiben Knäckebrot
1 EL Halbfettbutter oder -margarine,
50 g Lachsschinken
1/2 Bund Schnittlauch
1/2 Salatgurke (250 g)

Knäcke mit Fett bestreichen, mit Schinken belegen und mit Schnittlauchröllchen bestreuen. Gurke schälen, in Scheiben schneiden und dazu essen.

Tomaten-Toast

1 Scheibe Vollkorntoast
1 TL Halbfettbutter oder -margarine
30 g Frischkäse (Rahmstufe)
100 g Tomaten
1-2 Lauchzwiebeln (50 g)

Toast zuerst mit Fett, dann mit Käse bestreichen. Tomaten in Scheiben, Lauchzwiebeln in Ringe schneiden. Auf dem Toast verteilen.

Ei-Brot

1 Scheibe Vollkornbrot (45 g)
1 TL Halbfettbutter oder -margarine
1/2 Bund Schnittlauch, rosa Pfeffer
1 hartgekochtes Ei

Brot mit Fett bestreichen. Mit Schnittlauchröllchen bestreuen und mit Pfeffer würzen. Ei dazu essen.

Quarkbrötchen

1 Rosinenbrötchen, 50 g Cremequark (0,2% Fett), 1 Kiwi

Brötchen durchschneiden und beide Hälften mit Quark bestreichen. Kiwi schälen, in Scheiben schneiden und darauf legen.

Müsli mit Himbeeren

60 g tiefgefrorene Himbeeren
2 EL Fertigmüsli (30 g)
1 Becher Magerjoghurt (150 g)

Alle Müslizutaten zusammen in einer Schale mischen.

ZWISCHENMAHLZEITEN ZUM AUSSUCHEN

Wählen Sie pro Tag zwei Snacks (à 100 Kalorien). *Wichtig:* Die Zutaten stehen nicht mit auf den Einkaufslisten!

Fit mit Joghurt: In 1 Becher Magerjoghurt (150 g) pressen Sie 1 Knoblauchzehe. Außerdem kommen dazu 100 g kleingeschnittene Lauchzwiebeln oder 250 g Gurkenwürfel oder 100 rote Paprikastücke

Schlank mit Dickmilch: Ganz nach Lust und Laune mixen Sie 150 g Dickmilch (1,5 % Fett) mit 1 Paket tiefgefrorenen Kräutern oder 50 ml Multivitaminsaft oder 100 ml Gemüsesaft

Happy mit Quark: 75 g Cremequark verrühren Sie mit etwas flüssigem Süßstoff. Dazu gibt's 100 g tiefgefrorene Himbeeren, 2 Mandarinen oder eine dicke Scheibe frische Ananas (100 g)

DAS SOLLTEN SIE IM HAUS HABEN:

Knäckebrot, Vollkornbrot, Vollkorntoast
Wildreismischung (Kochbeutel), Nudeln, Kartoffeln
Hirse, Eier, Öl, Butter oder Margarine
Halbfettbutter oder -margarine, Gemüsebrühe (Würfel oder Instant), Zitronen oder Zitronensaft, Fertigsoßenmischung »Joghurt« und für gemischten Salat (Tüten), Sojasoße
Parmesankäse, Süßstoff, Sonnenblumenkerne, Salz
Pfeffer, Curry, Chinagewürz

DAS BRAUCHEN SIE FÜR DIE DIÄT

FÜR DEN 1. BIS 4. TAG

75 g Hähnchenbrust, 75 g Lachsschinken
1 Becher Magerjoghurt (150 g), 1 Becher Cremequark, (500 g, 0,2 % Fett)
1 Paket Scheibletten-Käse (leicht), 250 g Möhren
250 g Tomaten, 1 Salatgurke (500 g)
1 kleiner Römersalat, 1 rote Paprikaschote (150 g)
1 grüne Paprikaschote (150 g)
200 g Rosenkohl, 1 Banane, 1 Mandarine
1 Birne (100 g), 1 Apfel (100 g), 2 Bund Petersilie
1 Topf Basilikum, 30 g dunkle Oliven
1 Paket Fertig-Tomatensoße mit Kräutern (370 g)
1 Paket tiefgefrorenes Farmergemüse (300 g)

FÜR DEN 5. BIS 7. TAG

100 g Schellfisch, 100 g Krabbenfleisch
75 g Rinderfilet, 1 kalorienreduzierter Camembert (125 g), 1 Bund Lauchzwiebeln (200 g)
1 Bund Radieschen, 300 g Broccoli, 1 Birne (100 g)
1 Bund Dill, 1 Dose indonesische Gemüsepfanne (220 g)

FÜR DEN 8. BIS 11. TAG

75 g Beefsteakhack, 50 g geräucherte Putenbrust, 1 Becher Crème fraîche (125 g), 200 g Zucchini, 125 g Möhren
100 g Chicorée, 1 Salatgurke (500 g)
1 rote Paprikaschote (125 g)
200 g Champignons, 100 g Zuckerschoten
100 g Tomaten, 1 Kästchen Kresse
1 Bund Radieschen, 100 g Radicchio
1 kleiner Eisbergsalat, 50 g Feldsalat
2 Bund Petersilie, 1 Bund Schnittlauch
1 Dose Mais (150 g)
1 Paket tiefgefrorener Blattspinat (300 g)
1 Paket tiefgefrorene Kräutermischung

FÜR DEN 12. BIS 14. TAG

75 g Schweineschnitzel
1 Scheibe gekochter Schinken (40 g)
75 g Räucherlachs
125 g Möhren, 1 Apfel (125 g)
1 Kiwi, 100 g Tomaten, 200 g Fenchel
2 Mandarinen, 300 g Wirsingkohl
100 g Zucchini
1 Paket tiefgefrorenes Fischfilet in Petersiliensoße (200 g), 150 g tiefgefrorene Erbsen

FÜR DEN 15. BIS 18. TAG

75 g Schweineschnitzel
50 g Kochschinken, 200 g Hüttenkäse
150 g kalorienreduzierter Käse
150 g Crème fraîche
1 rote und gelbe Paprika (à 150 g), 1 Bund Petersilie
1 Bund Radieschen, 1 Salatgurke
325 g Möhren, 150 g Tomaten
1 Kohlrabi, 1 Bund Lauchzwiebeln
150 g Broccoli, 1 Topf Kerbel
1 kleiner Eisbergsalat
200 g Champignons
100 g Sojasprossen, 150 g Zucchini
100 g Tofu, 300 g TK-Erbsen

FÜR DEN 19. BIS 21. TAG

75 g Hähnchenbrust
1 Scheibe gekochter Schinken (30 g)
75 g Schellfisch, 100 g Krabbenfleisch
1 Becher Cremequark (0,2% Fett, 500 g)
100 g Tomaten
1 Baby-Ananas (250 g)
1 rote Paprikaschote (125 g)
1 Bund Dill, 1 Möhre (75 g)
1 Zucchini (75 g), 1 Apfel (150 g)
1 Kästchen Kresse, 150 g Sauerkraut
2 Pakete tiefgefrorenes Suppengrün (à 50 g)
1 Paket tiefgefrorene Himbeeren (250 g)

FÜR DEN 22. BIS 25. TAG

75 g Beefsteakhack, 50 g geräucherte Putenbrust
50 g Kirschtomaten, 200 g Zucchini
je 150 g rote, grüne und gelbe Paprika
100 g Austernpilze, 1 Bund Lauchzwiebeln, 1 Kiwi
1 Orange, 2 Bund Schnittlauch
1 Salatgurke (500 g), 1 Bund Radieschen
250 g Fenchel, 1 Dose Tomaten (300 g)
1 Dose Mais (150 g)
1 Paket tiefgefrorene gemischte Kräuter

FÜR DEN 26. BIS 28. TAG

1 Geflügelwürstchen (50 g), 125 g Schollenfilets
1 Stück Hering in Gelee (125 g)
40 g Blauschimmelkäse, z.B. Gorgonzola
40 g Schafskäse, 1 Möhre (75 g)
1 Bund Schnittlauch, 1 Birne (200 g)
1 rote Paprikaschote (150 g)
1/2 kleiner Wirsingkohl (250 g)
2 Bund Petersilie
3 Tomaten (150 g)
1 kleine Zucchini (150 g)

Rezept Register

Die Hüften
kriegen nichts ab.
Neu bei Du darfst: nur noch
24% Fett aufs Brot.
Das gab's noch nie:
nur 24% Fett, aber 100% Geschmack.
Probieren Sie mal!
Du darfst
Margarine
ERZEUGNIS
Nur 24% Fett